Agatha Christie

Testemunha ocular do crime

Tradução de Henrique Guerra

www.lpm.com.br

L&PM POCKET

Coleção **L&PM** POCKET, vol. 798

Texto de acordo com a nova ortografia.
Título original: *4.50 from Paddington*

Primeira edição na Coleção **L&PM** POCKET: agosto de 2009
Esta reimpressão: fevereiro de 2024

Tradução: Henrique Guerra
Capa: designedbydavid.co.uk © HarperCollins/Agatha Christie Ltd 2008
Preparação: Patrícia Yurgel
Revisão: Patrícia Rocha

CIP-Brasil. Catalogação na Fonte
Sindicato Nacional dos Editores de Livros, RJ.

C479t

Christie, Agatha, 1890-1976
Testemunha ocular do crime / Agatha Christie; tradução de Henrique Guerra. – Porto Alegre, RS: L&PM, 2024.
256p. – (Coleção L&PM POCKET; v.798)

Tradução de: *4.50 from Paddington*
ISBN 978-85-254-1913-2

1. Ficção policial inglesa. I. Guerra, Henrique. II. Título. III. Série.

09-3191. CDD: 823
CDU: 821.111-3

Rua Comendador Coruja 314, loja 9 – Floresta – 90.220-180
Porto Alegre – RS – Brasil / Fone: 51.3225.5777

Pedidos & Depto. Comercial: vendas@lpm.com.br
Fale conosco: info@lpm.com.br
www.lpm.com.br

Impresso no Brasil
Verão de 2024

Agatha Christie
(1890-1976)

Agatha Christie é a autora mais publicada de todos os tempos, superada apenas por Shakespeare e pela Bíblia. Em uma carreira que durou mais de cinquenta anos, escreveu 66 romances de mistério, 163 contos, dezenove peças, uma série de poemas, dois livros autobiográficos, além de seis romances sob o pseudônimo de Mary Westmacott. Dois dos personagens que criou, o engenhoso detetive belga Hercule Poirot e a irrepreensível e implacável Miss Jane Marple, tornaram-se mundialmente famosos. Os livros da autora venderam mais de dois bilhões de exemplares em inglês, e sua obra foi traduzida para mais de cinquenta línguas. Grande parte da sua produção literária foi adaptada com sucesso para o teatro, o cinema e a tevê. *A ratoeira*, de sua autoria, é a peça que mais tempo ficou em cartaz, desde sua estreia, em Londres, em 1952. A autora colecionou diversos prêmios ainda em vida, e sua obra conquistou uma imensa legião de fãs. Ela é a única escritora de mistério a alcançar também fama internacional como dramaturga e foi a primeira pessoa a ser homenageada com o Grandmaster Award, em 1954, concedido pela prestigiosa associação Mystery Writers of America. Em 1971, recebeu o título de Dama da Ordem do Império Britânico.

Agatha Mary Clarissa Miller nasceu em 15 de setembro de 1890 em Torquay, Inglaterra. Seu pai, Frederick, era um americano extrovertido que trabalhava como corretor da bolsa, e sua mãe, Clara, era uma inglesa tímida. Agatha, a caçula de três irmãos, estudou basicamente em casa, com tutores. Também teve aulas de canto e piano, mas devido ao temperamento introvertido não seguiu carreira artística. O pai de Agatha morreu quando ela tinha onze anos, o que a aproximou da mãe, com quem fez várias viagens. A paixão por conhecer o mundo acompanharia a escritora até o final da vida.

Em 1912, Agatha conheceu Archibald Christie, seu primeiro esposo, um aviador. Eles se casaram na véspera do Natal de 1914 e tiveram uma única filha, Rosalind, em 1919. A carreira literária de Agatha – uma fã dos livros de suspense do escritor inglês Graham Greene – começou depois que sua irmã a desafiou a escrever um romance. Passaram-se alguns anos até que o primeiro livro da escritora fosse publicado. *O misterioso caso de Styles* (1920), escrito próximo ao fim da Primeira Guerra Mundial, teve uma boa acolhida da crítica. Nesse romance aconteceu a primeira aparição de Hercule Poirot, o detetive que estava destinado a se tornar o personagem mais popular da ficção policial desde Sherlock Holmes. Protagonista de 33 romances e mais de cinquenta contos da autora, o detetive belga foi o único personagem a ter o obituário publicado pelo *The New York Times.*

Em 1926, dois acontecimentos marcaram a vida de Agatha Christie: a sua mãe morreu, e Archie a deixou por outra mulher. É dessa época também um dos fatos mais nebulosos da biografia da autora: logo depois da separação, ela ficou desaparecida durante onze dias. Entre as hipóteses figuram um surto de amnésia, um choque nervoso e até uma grande jogada publicitária. Também em 1926, a autora escreveu sua obra-prima, *O assassinato de Roger Ackroyd.* Este foi seu primeiro livro a ser adaptado para o teatro – sob o nome *Álibi* – e a fazer um estrondoso sucesso nos teatros ingleses. Em 1927, Miss Marple estreou como personagem no conto "O Clube das Terças-Feiras".

Em uma de suas viagens ao Oriente Médio, Agatha conheceu o arqueólogo Max Mallowan, com quem se casou em 1930. A escritora passou a acompanhar o marido em expedições arqueológicas e nessas viagens colheu material para seus livros, muitas vezes ambientados em cenários exóticos. Após uma carreira de sucesso, Agatha Christie morreu em 12 de janeiro de 1976.

Sumário

Capítulo I

Ofegante, a sra. McGillicuddy atravessava a plataforma no encalço do carregador com a mala. A sra. McGillicuddy era baixinha e robusta; o carregador, alto e de passos largos. Como se isso não bastasse, ela trazia como sobrecarga um monte de embrulhos; resultado do dia de compras natalinas. Portanto, uma corrida desigual. O carregador contornava o fim da plataforma enquanto a sra. McGillicuddy ainda vinha na reta.

Naquela hora, o movimento na plataforma 1 não era exagerado, pois um trem recém partira. Mas na terra de ninguém, logo adiante, a multidão fervilhava em várias direções ao mesmo tempo: acesso ao subterrâneo, depósitos de bagagem, salões de chá, postos de informação, quadros de horários e as duas conexões – chegadas e partidas – com o mundo lá fora.

A sra. McGillicuddy e os embrulhos foram golpeados para lá e para cá, mas ela conseguiu chegar ao início da plataforma 3. Largou um pacote no chão e mexeu na bolsa à procura do bilhete que lhe permitiria passar pelo austero porteiro uniformizado.

Então uma voz rouca, mas educada, começou a falar acima de sua cabeça.

– O trem estacionado na plataforma 3 – anunciou a voz – sai às 16h50 com destino a Brackhampton, Milchester, Waverton, Carvil Junction, Roxeter e estações até Chadmouth. Passageiros para Brackhampton e Milchester viajam nos vagões da retaguarda. Passageiros para Vanequay baldeiam em Roxeter. – A voz calou-se num clique. Em seguida, retomou a conversação para anunciar a chegada na plataforma 9 do trem das 16h35, vindo de Birmingham e Wolverhampton.

A sra. McGillicuddy encontrou e apresentou o bilhete. O homem perfurou-o, murmurando:

– À direita... Nos vagões traseiros.

A sra. McGillicuddy arrastou-se penosamente plataforma acima. O carregador a esperava à porta do vagão da terceira classe, com o olhar entediado e absorto.

– Prontinho, madame.

– Viajo na primeira classe – retorquiu a sra. McGillicuddy.

– Por que não disse antes? – rosnou o carregador, olhando com menosprezo o nada feminino casaco de tweed da freguesa.

A sra. McGillicuddy, que *dissera* antes, não discutiu o pormenor. Mal conseguia respirar.

O carregador pegou a mala outra vez e rumou ao vagão seguinte, onde a sra. McGillicuddy instalou-se com solitário esplendor. O trem das 16h50 não era muito frequentado; a clientela da primeira classe preferia o rápido matutino ou o trem das 18h40 com vagão restaurante. A sra. McGillicuddy deu uma gorjeta ao carregador, que a recebeu decepcionado. Obviamente, considerou-a mais adequada à terceira do que à primeira classe. Embora disposta a investir no conforto do transporte após a noite toda viajando desde o norte e o dia todo fazendo compras febris, em se tratando de gorjetas a sra. McGillicuddy nunca fora esbanjadora.

Com um suspiro, recostou-se nas almofadas de veludo e abriu uma revista. Cinco minutos depois, soaram apitos. O trem começou a andar. A sra. McGillicuddy deixou a revista escorregar da mão, inclinou a cabeça para o lado e em menos de três minutos adormeceu. Dormiu 35 minutos e acordou revigorada. Ajeitou o chapéu que deslizara e estava torto, sentou-se em posição aprumada e espiou pela janela o fugaz cenário campestre. A noite já ia bem escura após aquele dia sombrio e nevoento de dezembro – a apenas cinco dias do Natal. Londres estivera escura e sombria; a paisagem interiorana não deixava por menos, embora de vez em quando se tornasse alegre com incessantes aglomerados de luzes, quando o trem lampejava através de cidadezinhas e estações.

– Último chá – disse o cabineiro, abrindo a porta do corredor num movimento furtivo como o de um espírito. A sra. McGillicuddy já tomara o chá numa grande loja de departamentos. Por enquanto, estava de estômago forrado. O cabineiro continuou corredor afora repetindo o monótono aviso. Contente, a sra. McGillicuddy ergueu o olhar aos vários embrulhos guardados no porta-bagagem. As toalhas de rosto, uma pechincha, bem no feitio desejado por Margaret; a pistola espacial de Robby e o coelhinho de Jean, ótimas compras. E para si própria, a jaqueta para usar à noite, bem como queria: vistosa e quentinha. Sem falar no blusão para o Hector... Não parava de pensar com aprovação na eficiência de suas compras.

O olhar satisfeito voltou-se para a janela. Um trem viajando na direção oposta passou com ruído estridente. As janelas tremeram, e ela sobressaltou-se. O trem retiniu sobre as agulhas do cruzamento e atravessou uma estação.

Então começou de repente a desacelerar, ao que se presume em obediência a um sinal. Moveu-se com lentidão por alguns minutos até parar. Em seguida, recomeçou a andar. Outro trem passou rumo a Londres, com menos ímpeto que o primeiro. O trem ganhou velocidade outra vez. A esta altura outro trem, também rumo ao interior, desviou em direção ao dela, provocando por um instante um efeito assustador. Durante algum tempo, os dois trens andaram lado a lado, ora um ganhando a frente, ora outro. A sra. McGillicuddy olhou através das janelas dos vagões paralelos. A maioria das corrediças estava descida, mas de vez em quando era possível ver os ocupantes das cabines. O outro trem não estava cheio; havia muitas cabines livres.

Bem na hora em que os dois trens davam a ilusão de estar parados, uma corrediça ergueu-se num estalo. A sra. McGillicuddy vislumbrou o interior da bem-iluminada cabine de primeira classe, a um metro e meio de distância.

Então trancou a respiração e fez menção de se levantar.

Um homem estava em pé, de costas para a janela e para a observadora. As mãos dele apertavam a garganta de uma mulher. Lenta e cruelmente, ele a estrangulava. No rosto rubro e congestionado da vítima, os olhos saltavam das órbitas. A sra. McGillicuddy assistia hipnotizada, quando sobreveio o fim: o corpo amoleceu e escorregou das mãos do homem.

Na mesma hora, o trem de sra. McGillicuddy desacelerou de novo. O outro veículo retomou velocidade, passou à frente e um instante depois sumiu de vista.

Foi automático. A sra. McGillicuddy levou a mão ao freio de emergência. Então vacilou, indecisa. Afinal, de que adiantaria parar o trem em que *ela* viajava? A cena terrível que presenciara tão de perto, em circunstâncias tão inusitadas, deixou-a paralisada. O caso *exigia* uma ação imediata... mas qual?

A porta do compartimento abriu-se, e o cobrador disse:

– A passagem, por favor.

A sra. McGillicuddy dirigiu-se a ele com veemência:

– Uma mulher foi estrangulada – afirmou. – No trem que acaba de passar. Eu vi!

Sem lhe dar crédito, o cobrador a mirou.

– Como disse, madame?

– Um homem estrangulou uma mulher! No trem. Eu vi... por ali – apontou a janela.

O cobrador perguntou com ceticismo:

– Estrangulou?

– Sim, *estrangulou*! Eu vi, estou dizendo. Precisa fazer algo *imediatamente*!

O cobrador tossiu em tom de desculpa.

– Não acha, madame, que pode ter cochilado e... hum... – emudeceu, diplomático.

– Cochilei um pouquinho, mas, se pensa que estou sonhando, está redondamente enganado. Se eu digo que vi é porque *vi*!

O cobrador baixou os olhos para a revista sobre o assento. Na página aberta, um homem estrangulava uma moça e do limiar da porta outro homem apontava um revólver contra o agressor.

Falou convicto:

– Mas madame... Será que a senhora não leu uma história emocionante, caiu no sono, acordou meio confusa e...

A sra. McGillicuddy o cortou.

– *Eu vi* – disse ela. – Estava tão desperta como o senhor agora. Olhei pela janela e vi o interior da cabine do trem que andava ao lado do nosso. Um homem estrangulava uma mulher. E eu quero saber o que o senhor vai fazer a respeito.

– Bem, madame...

– Vai fazer *algo*, não é?

De má vontade, o cobrador suspirou e consultou de relance o relógio.

– Vamos chegar a Brackhampton daqui a sete minutos. Vou comunicar seu relato. Para onde ia o trem de que a senhora fala?

– Na mesma direção que a nossa, é claro. Acha que eu poderia ter visto um crime num trem cruzando como relâmpago na direção contrária?

O cobrador fez uma cara de quem pensava que a sra. McGillicuddy podia ver qualquer coisa em qualquer lugar, conforme os caprichos da imaginação. Mas não perdeu a polidez:

– Confie em mim, madame – disse ele. – Vou informar sua denúncia. Fico com seu nome e endereço... por via das dúvidas...

A sra. McGillicuddy deu o endereço de onde ficaria nos dias seguintes e seu endereço fixo na Escócia. O cobrador tomou nota. Então retirou-se com a aparência de quem cumpriu o dever e soube lidar com sucesso com uma enfadonha representante do público turista.

A sra. McGillicuddy permaneceu de cenho franzido, um tanto insatisfeita. Será que o cobrador registraria sua declaração ou só quis acalmá-la? Muitas idosas, pensou de modo vago, viajavam por aí afirmando com plena convicção desmascarar conspirações comunistas, correr perigo de assassinato, avistar discos voadores ou espaçonaves secretas e testemunhar crimes que nunca aconteceram. Se o homem a considerou uma dessas...

O trem reduziu a velocidade, passou nas agulhas do entroncamento e penetrou nas luzes brilhantes de uma cidade de grande porte.

A sra. McGillicuddy abriu a bolsa, sacou o primeiro recibo que encontrou, rabiscou com a esferográfica um bilhete no verso, inseriu num envelope extra que por sorte trazia, fechou e sobrescritou.

Devagar, o trem estacionou na plataforma lotada. A costumeira e onipresente voz anunciava:

– Chega agora na plataforma 1 o trem das 17h38 com destino a Milchester, Waverton, Roxeter e estações até Chadmouth. Passageiros para Market Basing embarcam no trem da plataforma 3. Na plataforma lateral, estaciona o trem que para em todas as estações até Carbury.

Inquieta, a sra. McGillicuddy correu o olhar pela plataforma. Tantos passageiros e tão poucos carregadores. Ah, lá vem um! Chamou-o, peremptória.

– Carregador! Por favor, leve isto agora mesmo ao escritório do chefe da estação.

Entregou o envelope e um xelim ao carregador.

Então, com um suspiro, recostou-se. Fizera tudo a seu alcance. Por um instante arrependeu-se de ter dado um xelim... meio xelim teria sido mais do que suficiente...

O pensamento retrocedeu à cena presenciada por ela. Horrível, horrível demais... Considerava-se uma pessoa controlada, mas não pôde deixar de estremecer. Que coisa estranha e fantástica! E justo com ela, Elspeth McGillicuddy! Se a corrediça da cabine não tivesse subido de repente... Mas, é claro, isso fora vontade divina.

Deus quisera que ela, Elspeth McGillicuddy, testemunhasse o crime. Comprimiu os lábios numa expressão tensa.

Vozes gritaram, apitos soaram, portas bateram, ruidosas. O trem das 17h38 partiu lento da estação de Brackhampton. Uma hora e cinco minutos depois, parou em Milchester.

A sra. McGillicuddy arrecadou os embrulhos e a mala e saiu. Perscrutou a plataforma acima e abaixo. Confirmou a opinião prévia: faltavam carregadores. Os únicos carregadores à vista circulavam com sacolas do correio ou atendiam os vagões de carga. Sinal dos tempos: agora cabia aos passageiros carregar a própria bagagem. O fato é que não havia como levar mala, guarda-chuva e todos os embrulhos. Nada a fazer senão esperar. Minutos depois, apareceu um carregador.

– Táxi?

– Acho que há um esperando por mim.

Fora da estação de Milchester, um motorista de táxi que estivera acompanhando o portão de saída deu um passo à frente. Perguntou em ameno sotaque local:

– Sra. McGillicuddy? Indo a St. Mary Mead?

Ela confirmou. O carregador recebeu uma recompensa apropriada, para não dizer generosa. O carro, com sra. McGillicuddy, mala e embrulhos, zarpou noite adentro no percurso de quinze quilômetros. Empertigada no carro, a sra. McGillicuddy não conseguia ficar à vontade. Não via a hora de desabafar. Enfim o táxi entrou na familiar ruela da aldeia e estacionou no endereço de destino; a sra. McGillicuddy desceu do carro e subiu a trilha de tijolos até a porta. A velha empregada abriu a porta, e o motorista largou as bagagens no hall. A sra. McGillicuddy atravessou o hall rumo à sala de estar, onde a anfitriã a esperava: uma velhinha delicada.

– Elspeth!

– Jane!

Beijaram-se. Sem introdução nem rodeios, a sra. McGillicuddy irrompeu a falar:

– Ah, Jane! – gemeu. – Acabo de ver um *assassinato*!

Capítulo 2

I

Fiel aos preceitos da mãe e da avó – a saber: uma dama de verdade não pode ficar chocada nem tampouco surpresa –, Miss Marple apenas ergueu as sobrancelhas, meneou a cabeça e disse:

– *Muito* angustiante, Elspeth. E sem dúvida *muito* incomum. É melhor você me contar tudo *agora.*

Era isso mesmo que a sra. McGillicuddy queria fazer. Permitindo que a anfitriã a levasse para mais perto do fogo, ela sentou-se, tirou as luvas e mergulhou numa narrativa animada.

Miss Marple escutou atenta. Quando enfim a sra. McGillicuddy fez ligeira pausa, Miss Marple falou, resoluta:

– Querida, é melhor você subir as escadas, tirar o chapéu e lavar-se. Então vamos jantar... Durante a ceia, *nem pense* em tocar nesse assunto. Após a ceia, tratamos da questão em detalhes, analisando todas as perspectivas.

A sra. McGillicuddy aceitou a sugestão. As duas senhoras trataram, durante a refeição, de vários aspectos da vida na aldeia de St. Mary Mead. Miss Marple comentou sobre a desconfiança geral dos moradores em relação ao novo organista, contou o recente escândalo envolvendo a mulher do farmacêutico e mencionou a impopularidade da diretora da escola. Então a conversa recaiu nos respectivos jardins.

– Peônias – disse Miss Marple ao levantar-se da mesa – são muito imprevisíveis. Pegam... ou não pegam. Mas, se *conseguem* se estabelecer, elas ficam conosco a vida inteira. Hoje existem variedades lindas de morrer.

Acomodaram-se outra vez junto ao fogo. Miss Marple trouxe duas antigas taças de cristal Waterford do guarda-louças ao canto. Em outro armário pegou uma garrafa.

– Hoje à noite não vou oferecer café, Elspeth – disse ela. – Você já está bastante agitada (e não é para menos!) e provavelmente não conseguiria dormir. Receito uma taça de meu vinho de prímula. E quem sabe, mais tarde, um chá de camomila.

A sra. McGillicuddy concordou, e Miss Marple serviu o vinho.

– Jane – disse a sra. McGillicuddy ao tomar um golinho com aprovação –, não *pensa* que sonhei ou imaginei tudo, não é?

– Claro que não – disse Miss Marple com candura.

A sra. McGillicuddy deu um suspiro de alívio e disse:

– Aquele cobrador achou que eu estava sonhando. Muito educado, mas ao mesmo tempo...

– Elspeth, naquela situação ele agiu de modo esperado. Deu a impressão de ser (e realmente foi) uma história inverossímil. E para ele você era uma completa desconhecida. Sim, tenho certeza de que você viu o que me contou. É bem fora do comum... mas longe de ser impossível. Eu mesma sempre sentia a minha curiosidade aguçada quando um trem corria em paralelo ao meu. Gostava de observar cenas vivas e intimistas nas cabines. Lembro que uma vez uma menininha brincava com o urso de pelúcia. De repente, ela jogou o urso em cima do gorducho que dormia no canto. Ele acordou num sobressalto com ar indignado, mas os outros passageiros se divertiram, e *como*. Vi tudo com bastante clareza. Conseguiria descrever rostos e roupas em detalhes.

A sra. McGillicuddy assentiu com gratidão.

– Também foi assim comigo.

– Você diz que o homem estava de costas. Não conseguiu ver o rosto dele?

– Não.

– E a mulher, é capaz de descrevê-la? Moça, velha?

– Mais moça do que velha. Trinta... no máximo 35 anos, calculo. Mas não posso afirmar com exatidão.

– Bonita?

– Ah, isso não sei dizer. Suas feições estavam desfiguradas e...

Miss Marple atalhou com rapidez:

– Entendo perfeitamente. Que roupa ela usava?

– Um casaco de pele clara. Não usava chapéu. Loira.

– E não lembra de nada diferente no homem?

A sra. McGillicuddy pensou com cautela antes de responder:

– Meio alto... e moreno, acho. Usava capote, por isso não pude avaliar bem a compleição corporal – e acrescentou, desanimada: – Não é mesmo muita coisa.

– Mas é um começo – disse Miss Marple. Fez uma pausa antes de dizer: – Tem absoluta certeza, em sua percepção, de que a moça *estava*... morta?

– Morta, sem dúvida. Estava com a língua de fora e... melhor nem falar nisso...

– Claro que não – apressou-se a dizer Miss Marple. – Pela manhã vamos saber mais sobre o assunto.

– Pela manhã?

– Creio que vai estar nos matutinos. Depois de atacar e matar a mulher, o homem teria um cadáver nas mãos. O que terá feito? Talvez tenha abandonado o trem na primeira estação. A propósito, lembra se o trem tinha corredor?

– Não, não tinha.

– Isso indica um trem com destino não muito distante. É quase certo que parou em Brackhampton. Vamos supor que ele desceu do trem em Brackhampton. Talvez tenha ajeitado o cadáver no canto do assento e escondido o rosto com a gola do casaco para retardar a descoberta. Sim... deve ter feito isso. Mas claro, em breve o corpo será descoberto... e um crime no trem vai ser um prato cheio para os jornais... Vamos aguardar.

II

Porém, nada saiu nos jornais.

Após certificarem-se disso, Miss Marple e a sra. McGillicuddy terminaram o café da manhã em silêncio. As duas refletiam.

Depois do café da manhã, deram uma volta no jardim. Contudo, esse passatempo em geral cativante naquele dia não suscitou entusiasmo. Miss Marple mostrou as novas e raras espécies cultivadas numa ala rodeada de pedras, mas o fez de modo quase displicente. E a sra. McGillicuddy não contra-atacou, como de costume, com a lista de suas aquisições mais recentes.

– O jardim podia estar bem melhor – quebrou o silêncio Miss Marple, mas ainda falando distraída. – O dr. Haydock me proibiu terminantemente de me abaixar ou me ajoelhar por qualquer motivo. E o que sobra para fazer num jardim se você *não* se abaixa nem se ajoelha? Claro, há o velho Edwards, mas ele é *tão* metido a sabichão! E esses prestadores de serviços, depois de um tempo, começam a criar maus hábitos. Bastante chá e conversa fiada... mas pouco *trabalho.*

– Entendo – disse a sra. McGillicuddy. – No meu caso, não estou *proibida* de me abaixar. Mas lidar no jardim depois do almoço dá azia mesmo. Ainda mais – baixou os olhos mirando suas proporções avantajadas – para quem já ganhou certo peso.

Após um silêncio, a sra. McGillicuddy fincou os pés no chão com firmeza e voltou o olhar para a amiga.

– *Então*? – disse ela.

Palavrinha insignificante, mas de plena significância devido à entonação. Miss Marple compreendeu perfeitamente o que ela queria dizer.

– Sei – respondeu.

As duas se entreolharam.

– Creio – disse Miss Marple – que devemos ir até a delegacia de polícia e ter um dedo de prosa com o sargento Cornish. Ele é atilado e paciente. A gente se conhece há um bom tempo. Acho que ele vai nos escutar... e transmitir as informações às autoridades competentes.

Dito e feito. Quarenta e cinco minutos mais tarde, Miss Marple e a sra. McGillicuddy conversavam com um homem de semblante sério e bem-disposto, entre trinta e quarenta anos de idade, que as escutou com atenção.

Frank Cornish recepcionou Miss Marple com cordialidade e até mesmo deferência. Providenciou cadeiras para as duas e perguntou:

– Em que posso ajudá-la, Miss Marple?

Miss Marple respondeu:

– Por gentileza, gostaria que o senhor ouvisse a história de minha amiga, a sra. McGillicuddy.

E o sargento Cornish ouviu. Ao cabo da narrativa, permaneceu calado por um tempo.

Então disse:

– É uma história bem singular.

Sem dar na vista, medira a sra. McGillicuddy enquanto ela falava. No conjunto, a impressão fora favorável. Mulher sensata, capaz de fazer um relato com clareza. Até onde conseguira avaliar, não era histérica nem tinha imaginação exagerada. Além disso, ao que parecia, Miss Marple acreditava na veracidade da história da amiga. E ele conhecia tudo sobre Miss Marple. Todo mundo em St. Mary Mead conhecia Miss Marple. Na aparência, era meiga e hesitante; mas, por dentro, esperta e sagaz como ela só.

Pigarreou e retomou a palavra.

– Claro – observou ele –, a senhora pode ter se enganado... Vejam bem, não estou dizendo que a senhora *se enganou*... mas que a senhora *pode* ter se enganado. Existem muitas brincadeiras violentas por aí... talvez não tenha sido grave ou fatal.

– Sei bem o que vi – respondeu a sra. McGillicuddy com severidade.

"E não vai mudar a história um milímetro", pensou Frank Cornish. "E eu diria que, plausível ou não, ela pode estar certa."

E em voz alta:

– A senhora comunicou aos responsáveis pela ferrovia e veio aqui fazer o registro. Adotou o procedimento correto. Pode ter certeza: vamos empreender as investigações necessárias.

Calou-se. Satisfeita, Miss Marple balançou a cabeça de modo afirmativo e ameno. A sra. McGillicuddy, não tão satisfeita assim, nada falou. O sargento Cornish dirigiu-se a Miss Marple, não tanto porque queria aproveitar suas ideias, mas principalmente porque estava curioso por ouvi-las.

– Se tudo aconteceu conforme o relato – interpelou –, que fim a senhora acha que levou o corpo?

– Existem só duas possibilidades – disse Miss Marple sem vacilar. – Claro, a mais *verossímil* é a de que o corpo tenha sido deixado no trem. Mas agora isso parece improvável, pois ele teria sido encontrado durante a noite por outro viajante ou pelos funcionários da ferrovia quando o trem chegasse ao destino final.

Frank Cornish anuiu com a cabeça.

– A única outra opção do assassino teria sido empurrar o corpo para fora do trem às margens da ferrovia. Nesse caso, deve estar em algum ponto da linha férrea, prestes a ser descoberto... É um tanto implausível, mas não vejo outra maneira de se livrar do corpo.

– A gente lê sobre cadáveres escondidos em baús – comentou a sra. McGillicuddy –, mas hoje em dia ninguém mais viaja com baús. E ninguém consegue enfiar um corpo em uma mala.

– Sim – corroborou Cornish. – As duas estão certas. O corpo, se é que há um, já deve ter sido descoberto, a esta altura, ou será descoberto em breve. Podem deixar que aviso em caso de novidade... Mas aposto que vamos ficar sabendo pelos jornais. É lógico, há a possibilidade de que a mulher, mesmo atacada com violência, não tenha morrido. Pode ter saído do trem caminhando.

– Dificilmente sem ajuda – disse Miss Marple. – E se fosse assim, alguém deveria ter notado. Um homem amparando uma senhora que ele alega estar doente.

– Sim, alguém deve ter notado – concordou Cornish. – E se a mulher foi encontrada sem sentidos ou indisposta numa cabine e levada ao hospital, também haverá registro. Nesse caso, podem ficar tranquilas: em pouco tempo vamos ouvir falar nisso.

Mas aquele dia passou e o seguinte também. Nessa noite, Miss Marple recebeu um bilhete do sargento Cornish.

Sobre o assunto em questão, empreendemos investigações minuciosas, mas infrutíferas. Não se encontrou nenhum cadáver feminino. Nenhum hospital atendeu uma mulher que correspondesse à descrição fornecida. Não houve registro de paciente em estado de choque ou se sentindo mal nem deixando a estação amparada. Fique certa de que fizemos as mais amplas investigações. Creio que a sua amiga testemunhou uma cena bem menos grave do que supôs.

Capítulo 3

I

– Menos grave? Balela! – disse a sra. McGillicuddy. – Foi assassinato!

Fitou Miss Marple com olhos desafiadores. Miss Marple respondeu o olhar.

– Vamos lá, Jane – disse a sra. McGillicuddy. – Diga que tudo não passou de um engano! Diga que eu imaginei tudo! É isso que você pensa agora, não é?

– Qualquer um *pode* se enganar – salientou Miss Marple, amável. – Qualquer pessoa, Elspeth... até mesmo você. Acho que devemos levar isso em conta. Mas, sabe, continuo achando que você provavelmente *não* se enganou... Você usa óculos de leitura, mas enxerga bem à distância... E a cena presenciada lhe causou forte impressão. Sem dúvida, você chegou aqui em estado de choque.

– Nunca vou esquecer aquela cena – falou a sra. McGillicuddy com um estremecimento. – O problema é que não sei o que fazer a respeito!

– Não creio – disse Miss Marple, pensativa – que você ainda tenha algo a fazer. – Se a sra. McGillicuddy tivesse prestado atenção à inflexão da voz da amiga, teria percebido a discreta ênfase na palavra "você". – Já relatou o que viu... na ferrovia e na polícia. Não, não há mais nada que você possa fazer.

– Isso é um alívio, de certo modo – disse a sra. McGillicuddy. – Pois, como você sabe, depois do Natal vou ao Ceilão... me encontrar com Roderick. Com certeza não gostaria de adiar a visita... Espero a oportunidade há tempos. Mas é claro que eu *adiaria*, se fosse para cumprir minhas obrigações – acrescentou escrupulosa.

– Tenho certeza que sim, Elspeth. Mas, como disse, acredito que você já fez tudo a seu alcance.

– Depende da polícia – disse a sra. McGillicuddy. – E se a polícia resolver ser estúpida...

Miss Marple balançou a cabeça incisivamente.

– Ah, não – objetou ela –, a polícia não é estúpida. E isso torna a coisa interessante, não é?

A sra. McGillicuddy encarou-a sem entender. Miss Marple confirmou o que pensava da amiga: excelentes princípios e nenhuma imaginação.

– A gente fica curiosa por saber – disse Miss Marple – o que aconteceu de verdade.

– Ela foi morta.

– Sim, mas *quem* a matou? *Por quê*? Que fim levou o corpo? Onde está agora?

– Cabe à polícia descobrir.

– Certo... mas *não* descobriu. Significa que o assassino era esperto, muito esperto... Não acha? Sabe, não consigo imaginar – disse Miss Marple, franzindo as sobrancelhas – *como* ele se livrou do corpo... Ele mata a moça num acesso de cólera... não deve ter sido premeditado, ninguém escolhe matar alguém desse jeito, minutos antes de chegar a uma estação movimentada. Sim, deve ter sido uma briga... por ciúmes... coisa do tipo. Ele a estrangula... e lá está ele, com o cadáver nas mãos, prestes a chegar ao terminal. O que *poderia* fazer além do que eu disse, escorar o cadáver num canto como se estivesse dormindo, esconder o seu rosto e então abandonar o trem o mais rápido possível? Não vejo outra possibilidade... mas deve existir alguma...

Miss Marple tomou ar de profunda meditação.

A sra. McGillicuddy dirigiu-lhe a palavra duas vezes antes que ela respondesse.

– Está ficando surda, Jane?

– Só um pouquinho, talvez. Tenho a impressão de que as pessoas não articulam as palavras com a clareza de antigamente. Mas não foi por isso que não escutei. Não estava prestando atenção.

– Acabei de perguntar sobre os trens para Londres amanhã. À tarde está bom para você? Vou visitar Margaret, e ela não me espera antes da hora do chá.

– Estive pensando, Elspeth... Não se importa se pegarmos o trem do meio-dia e quinze? Podemos almoçar mais cedo.

– Claro, e...

Miss Marple continuou a falar, interrompendo a amiga:

– E fico pensando, também... Será que Margaret se importaria se você não chegasse a tempo do chá, mas lá pelas sete horas, talvez?

A sra. McGillicuddy fitou a amiga com curiosidade.

– O que está tramando, Jane?

– Sugiro, Elspeth, irmos a Londres e de lá retornarmos até Brackhampton no trem que você pegou no outro dia. Então você volta para Londres a partir de Brackhampton e eu venho para cá em seu trajeto original. Claro, as passagens são por *minha* conta – Miss Marple enfatizou com firmeza esse pormenor.

A sra. McGillicuddy ignorou o aspecto financeiro.

– O que diabos espera descobrir, Jane? – indagou. – Outro assassinato?

– Lógico que não – retrucou Miss Marple com um quê de pudor. – Mas confesso que gostaria de ver com os próprios olhos, sob a sua orientação, o... o... é difícil encontrar o termo certo... o *local* do crime.

Conforme combinado, no dia seguinte Miss Marple e a sra. McGillicuddy se encontravam nos cantos opostos de uma cabine de primeira classe, zarpando velozes da estação londrina de Paddington, no trem das 16h50. Paddington estava mais apinhada de gente do que na sexta-feira anterior – agora faltavam apenas dois dias para o Natal. Porém, o trem das 16h50 estava relativamente vazio – pelo menos na parte traseira.

Nesta ocasião, nenhum trem emparelhou com o delas, nem o delas com outro trem. De vez em quando, um trem cruzava rumo a Londres; por duas oportunidades, trens ultrapassaram o das 16h50 em alta velocidade. De tempos em tempos, a sra. McGillicuddy consultava o relógio, indecisa.

– É difícil definir o momento exato... O trem tinha acabado de passar por uma estação, eu me lembro...

Mas a toda hora o trem passava por estações.

– Vamos chegar a Brackhampton em cinco minutos – avisou Miss Marple.

Um cobrador apareceu na porta. Miss Marple ergueu olhos interrogativos. A sra. McGillicuddy meneou a cabeça. Não era o mesmo cobrador. Perfurou os bilhetes e seguiu um tanto cambaleante, pois o trem perdera velocidade ao entrar numa curva comprida.

– Acho que estamos chegando a Brackhampton – disse a sra. McGillicuddy.

– Estamos entrando nos subúrbios, imagino – falou Miss Marple.

Lá fora, num lampejo, luzes brilhantes, edifícios, relances instantâneos de ruas e bondes. O trem desacelerou e começou a passar por bifurcações.

– Vamos chegar num minuto – disse a sra. McGillicuddy. – Não vi *vantagem nenhuma* em fazer este passeio. Serviu para alguma coisa, Jane?

– Acho que não – disse Miss Marple com voz titubeante.

– Dinheiro jogado fora – disse a sra. McGillicuddy, com menos desaprovação do que se estivesse pagando. Miss Marple fora irredutível quanto a isso.

– Não obstante – disse Miss Marple –, é sempre bom ver com os próprios olhos o palco dos acontecimentos.

Este trem está atrasado alguns minutos. O seu estava no horário certo na sexta-feira?

– Acho que sim. Para falar a verdade, nem notei.

O trem parou devagar no movimentado terminal de Brackhampton. Roucos avisos no alto-falante, abrir e fechar de portas, entra e sai de viajantes, vaivém na plataforma. A cena de uma frenética multidão.

"Para o assassino seria fácil", pensou Miss Marple, "misturar-se à multidão e deixar a estação no meio do fervo de gente; ou até mesmo escolher outro vagão e continuar no trem seja lá qual fosse o destino. Fácil ser um passageiro no meio da massa. Mas não tão fácil fazer um corpo desaparecer num passe de mágica. O corpo devia estar *em algum lugar.*"

A sra. McGillicuddy apeara. Falou agora da plataforma, pela janela aberta.

– Cuide-se, Jane. Não vá pegar um resfriado. Esta época do ano é traiçoeira. Você não é mais tão moça assim.

– Está bem – disse Miss Marple.

– E não vamos mais nos preocupar com isso. Fizemos tudo o que podíamos fazer.

Miss Marple concordou com a cabeça e respondeu:

– Não fique pegando sereno, Elspeth. Se não, quem vai pegar resfriado é você. Vá tomar uma boa xícara de chá quente no salão do restaurante. O trem para Londres só sai daqui a doze minutos.

– Talvez eu faça isso. Até logo, Jane.

– Até logo, Elspeth. Feliz Natal. Mande lembranças a Margaret. Espero que ela esteja bem. Divirta-se no Ceilão e mande um abraço ao querido Roderick... Mas duvido que ele se lembre de mim.

– Claro que lembra... e como. Você o ajudou uma vez quando ele estava no colégio... Algo a ver com um dinheiro desaparecido do armário onde ele guardava os pertences... Ele nunca se esqueceu.

– Ah, *aquilo*! – exclamou Miss Marple.

A sra. McGillicuddy deu meia-volta, o apito soou, e o trem começou a andar. Miss Marple observou o corpo robusto e atarracado da amiga sumir de vista. Elspeth poderia ir ao Ceilão de consciência tranquila... livre de obrigações adicionais e com a sensação de dever cumprido.

Miss Marple não se recostou no banco à medida que o trem recuperou velocidade. Em vez disso, empertigou-se e mergulhou em séria cogitação. Sua fala podia ser confusa e vaga, mas seu intelecto era claro e arguto. Havia um problema a resolver. Qual seria seu comportamento futuro? De modo estranho, talvez, a questão lhe surgia como havia surgido para a sra. McGillicuddy: uma questão de dever.

A sra. McGillicuddy dissera que as duas haviam feito tudo a seu alcance. Isso era verdadeiro no caso da sra. McGillicuddy, mas, quanto a si, Miss Marple não tinha tanta certeza.

Era só questão de utilizar certos talentos... Mas isso talvez fosse presunção... Afinal de contas, o que ela *poderia* fazer? As palavras da amiga latejaram em sua mente: "Você não é mais tão moça assim".

De modo imparcial, como um general que planeja operações no front de batalha ou um contador fazendo um balancete, Miss Marple sopesou prós e contras de novas investidas. No lado dos prós:

1. Minha extensa experiência de vida e meu amplo conhecimento sobre a natureza humana;
2. Sir Henry Clithering e seu afilhado (agora na Scotland Yard, acredito), tão simpáticos naquele caso em Little Paddocks;
3. David, o segundo filho de meu sobrinho Raymond, que, se não me engano, trabalha na Rede Ferroviária Britânica;
4. Leonard, o filho de Griselda, exímio conhecedor de mapas.

Miss Marple recapitulou esses recursos com aprovação. Todos muito necessários para contrabalançar as fraquezas dos contras – em especial, a própria debilidade física.

"Já não tenho mais tanta energia", pensou Miss Marple. "Não posso ficar para lá e para cá fazendo interrogatórios e descobrindo coisas."

Sim, a idade e a fraqueza eram os principais obstáculos. Estava bem de saúde para alguém da sua idade. Mas estava *velha*. E se o dr. Haydock a proibira expressamente de cuidar do jardim, com certeza não a autorizaria a seguir a pista de um assassino. Pois era aquilo mesmo que ela planejava fazer, e nisso residia o subterfúgio. Noutras ocasiões, ela havia sido praticamente impelida a solucionar crimes. Agora, ela iria atrás do crime por livre e espontânea vontade. Mas não tinha certeza... Sentia-se velha... velha e cansada. Àquela hora, ao cabo de um dia cansativo, sentia grande relutância a embarcar em qualquer projeto. Só queria acomodar-se com a bandeja em seu cantinho aconchegante junto ao fogo, saborear a ceia e ir para cama. No dia seguinte, perambular no jardim, podar um galho aqui outro acolá, organizar tudo sem pressa, sem esforço...

"Estou velha demais para aventuras", pensou Miss Marple, observando distraída a forma curva de um aterro...

Uma curva...

Algo muito tênue atiçou-se em sua mente. Pouco depois que o cobrador perfurara as passagens...

Aquilo lhe deu uma ideia. Só uma ideia. Uma ideia bem incomum...

O rosto de Miss Marple recebeu um pequeno influxo róseo. De repente o cansaço sumiu!

– Amanhã cedinho escrevo para David – disse com seus botões.

E ao mesmo tempo outro recurso valioso lampejou em sua mente.

– Mas claro. Minha fiel Florence!

II

Com método, Miss Marple estabeleceu o plano de ação, já levando em conta alguns dias de atraso pelo feriado natalino.

Escreveu ao sobrinho-neto, David West, mesclando votos de Feliz Natal com um pedido urgente de informações.

Felizmente, fora convidada, como nos anos anteriores, para a ceia natalina na casa do pastor. Ali, teve a oportunidade de consultar Leonard (que visitava a família por ocasião do Natal) sobre mapas.

Leonard era apaixonado por mapas de todos os tipos. O motivo pelo qual a velhinha o questionara sobre um mapa ampliado de uma região específica não incitou a curiosidade do rapaz. Com fluência, ele discorreu sobre mapas em geral e tomou nota do mapa ideal para a finalidade desejada. Na verdade, fez mais do que isso. Descobriu que tinha o mapa na coleção e o emprestou a Miss Marple, que prometeu manuseá-lo com grande cuidado e devolvê-lo no tempo certo.

III

– Mapas – disse Griselda, a mãe de Leonard. Apesar de ter um filho adulto, ela parecia estranhamente jovem e viçosa para morar na antiga e deteriorada casa do pastor. – Que cargas d'água ela quer com mapas? Quero dizer, *para que* ela precisa de mapas?

– Não sei – disse o jovem Leonard. – Acho que ela não me explicou direito.

– Mas fico imaginando... – comentou Griselda. – Para mim, isso é muito suspeito... A estas alturas nossa velhinha travessa já devia ter desistido desse tipo de coisa.

Leonard perguntou que tipo de coisa. Griselda se esquivou:

– Ah, ficar metendo o nariz onde não é chamada. Que diabos ela quer com *mapas*?

Na ocasião oportuna, Miss Marple recebeu uma carta afetuosa do sobrinho-neto David West:

Querida tia Jane, me diga: o que a senhora anda inventando? Consegui as informações que a senhora pediu. Apenas dois trens se encaixam: o das 16h33 e o das 17h. O primeiro é o trem lento com paradas em Haling Broadway, Barwell Heath, Brackhampton e estações até Market Basing. O das 17h é o rápido galês com destino a Cardiff, Newport e Swansea. O primeiro pode ser ultrapassado a certa altura pelo das 16h50, mas chega a Brackhampton cinco minutos mais cedo. O último ultrapassa o das 16h50 pouco antes de Brackhampton. Nisso tudo, farejo um picante escândalo provinciano... Por acaso, a senhora, voltando de uma farra de compras na capital no trem das 16h50, flagrou no trem que passava a mulher do prefeito abraçada com o fiscal de saúde? Mas que importância tem saber qual trem era? Um fim de semana em Porthcawl, talvez? Obrigado pelo blusão. Eu estava precisando. Como vai o jardim? Não muito florido nesta época do ano, imagino.

Do sempre seu,
David.

Miss Marple deu um sorriso ameno. Em seguida, analisou as informações apresentadas. A sra. McGillicuddy afirmara taxativamente que o trem não tinha corredor. Portanto, isso descartava o expresso de longa distância para Swansea. Tudo apontava para o trem das 16h33.

Outra viagem parecia inevitável. Miss Marple suspirou, mas fez seus planos.

Como na vez anterior, foi a Londres no trem do meio-dia e quinze, mas retornou não pelo das 16h50 e sim pelo das 16h33 até Brackhampton. Nada de estranho ocorreu na viagem, mas ela percebeu certos detalhes. O trem não estava cheio – o horário das 16h33 evitava o maior movimento. Nas cabines da primeira classe, só um ocupante – um velhinho lendo o *New Statesman*. Miss Marple viajou num compartimento vazio. Nas duas paradas, Haling Broadway e Barwell Heath, ela espiou pela janela e observou os passageiros entrando e saindo. Um pequeno número de passageiros embarcou em Haling Broadway. Já em Barwell Heath vários passageiros da terceira classe desceram. Ninguém entrou nem saiu do vagão da primeira classe, à exceção do velhinho e seu *New Statesman*.

Quando o trem se aproximou de Brackhampton, contornando velozmente um trecho em curva, Miss Marple baixou a corrediça, ergueu-se e ficou em pé, de costas para a janela.

Ficou comprovado. De fato, ao entrar na curva repentina e perder aceleração, o trem balançava. Com isso, um passageiro poderia perder o equilíbrio, bater na janela e abrir a corrediça com facilidade. Perscrutou a noite lá fora. Não estava tão escuro como no dia em que a sra. McGillicuddy fizera a mesma jornada, mas pouco se distinguia. Para ver alguma coisa, só em viagem diurna.

No dia seguinte, ela foi à capital no expresso matutino. Combinou investigação com praticidade doméstica: comprou quatro fronhas de linho (reclamando do preço!). Retornou pelo trem que saiu de Paddington ao meio-dia e quinze. De novo, foi a única passageira na primeira classe. "Tudo culpa da alta carga de impostos", pensou Miss Marple. "Ninguém tem dinheiro para viajar na primeira classe, exceto homens de negócios na hora do *rush*. E desconfio de que lançam a despesa nas firmas."

Mais ou menos quinze minutos antes do trem chegar a Brackhampton, Miss Marple abriu o mapa emprestado por Leonard e começou a acompanhar o cenário campestre. Ela estudara o mapa nos mínimos detalhes. Após checar o nome da estação pela qual passavam, logo identificou o local em que o trem reduzia a velocidade ao entrar naquela curva. Sem dúvida uma curva acentuada e comprida. Miss Marple, o nariz grudado no vidro, examinou com atenção a ladeira (o trem deslizava no topo de um aterro de altura considerável). Dividiu a atenção entre a paisagem lá fora e o mapa, até o trem entrar em Brackhampton.

Naquela noite, escreveu e postou uma carta endereçada à srta. Florence Hill, 4 Madison Road, Brackhampton... Na manhã seguinte, na biblioteca pública, estudou um anuário e um guia de informações sobre Brackhampton, além da história do condado.

Até aquele momento, nada refutava o esboço de ideia que tivera. Era possível o que ela imaginara. Não precisava ir além.

Mas o próximo passo envolvia ação – uma dose considerável de ação –, o tipo de ação para o qual se sentia fisicamente inepta. Para comprovar ou descartar a teoria de modo definitivo, precisava da ajuda de alguém. A pergunta: de quem? Miss Marple pensou em diversas pessoas e alternativas, rejeitando todas com um contrariado meneio de cabeça. As pessoas eficazes em cuja inteligência podia confiar estavam todas ocupadas. Não só tinham cargos de importância variada: também planejavam o lazer com antecedência. Obtusos com tempo livre simplesmente não serviam, decidiu Miss Marple.

Ficou absorta em fundas reflexões, cada vez mais contrariada e confusa.

Então de repente desanuviou a testa e exclamou um nome.

– Mas claro! *Lucy Eyelesbarrow!*

Capítulo 4

I

O nome Lucy Eyelesbarrow já deixara sua marca em certos círculos.

Com 32 anos, graduada em Matemática pela Oxford, Lucy Eyelesbarrow era conhecida pelo intelecto aguçado. Todos apostavam que teria uma carreira acadêmica brilhante.

Mas Lucy Eyelesbarrow, embora revestida de invejável capacidade acadêmica, no cerne era puro bom senso. Logo percebeu que a carreira universitária, à parte o possível destaque, não recompensava em termos financeiros. Não tinha a mínima vontade de lecionar e apreciava interagir com pessoas que não enxergavam tão longe quanto ela. Em resumo, gostava de lidar com gente, toda espécie de gente – e de fazer novas amizades. Também não escondia gostar de dinheiro. E para ganhar dinheiro é preciso analisar o que falta no mercado.

Lucy Eyelesbarrow mirou a escassez de pessoas capazes num nicho específico de mercado e acertou na mosca. Para o espanto dos amigos e colegas universitários, entrou no ramo do trabalho doméstico.

O sucesso foi instantâneo e garantido. Agora, após alguns anos de experiência, seu nome era conhecido em toda a Grã-Bretanha. Tornara-se habitual as esposas comentarem alegremente com os maridos: "Está bem. *Posso* ir com você aos Estados Unidos. Contratei *Lucy Eyelesbarrow*!" Era simples: quando Lucy Eyelesbarrow entrava por uma porta, preocupações, angústias e trabalho suado saíam pela outra. Lucy Eyelesbarrow fazia tudo, dava um jeito em tudo, providenciava tudo. Era de uma eficácia tremenda em toda e qualquer esfera imaginável. Tomava conta de pais idosos, cuidava de crianças pequenas, atendia a enfermos, cozinhava divinamente, dava-se bem com empregados rabugentos que por acaso existissem (mas não existiam muitos), sabia lidar com pessoas difíceis, driblava beberrões e era maravilhosa com cachorros. Acima de tudo, *não* escolhia serviço. Esfregava o piso da cozinha, capinava o jardim, arrumava bagunças caninas e carregava carvão!

Uma de suas normas era nunca aceitar compromisso por períodos longos. Uma quinzena era seu tempo-padrão – no máximo um mês em circunstâncias extraordinárias. Aquela quinzena custa os olhos da cara! *Porém*, durante aquela quinzena, sua vida é um paraíso. Pode descansar na rede, viajar ao exterior, ficar em casa, fazer o que bem entender. Tudo está bem no front doméstico, aos cuidados das mãos eficazes de Lucy Eyelesbarrow!

Como seria de se esperar, a procura pelos seus préstimos era imensa. Se ela quisesse, teria a agenda cheia pelos próximos três anos. Muitos tinham oferecido fortunas para ela ficar. Mas Lucy não queria trabalho fixo e tampouco agendava missões com mais de seis meses de antecedência. E nesse ínterim, sem o conhecimento dos ansiosos clientes, ela sempre reservava períodos livres para descansar em algum luxuoso *resort* (já que não gastava com outra coisa e era bem paga) ou para aceitar algum trabalho de última hora que lhe chamasse a atenção, seja por conta da natureza do cargo ou porque "gostava das pessoas". Estava agora na condição de quem podia escolher entre os ansiosos pretendentes que disputavam seus serviços. Assim, deixava-se guiar principalmente pelo gosto pessoal. Somente dinheiro não era suficiente para contratar os serviços de Lucy

Eyelesbarrow. Podia dar-se ao luxo de escolher a dedo e escolhia mesmo. Amava a vida e encontrava nela uma fonte contínua de divertimento.

Lucy Eyelesbarrow leu e releu a carta de Miss Marple. Conhecera Miss Marple há dois anos, ao trabalhar para Raymond West, o escritor, cuidando de sua velha tia que se recuperava de uma pneumonia. Lucy aceitara o trabalho e rumara a St. Mary Mead. Gostara muito de Miss Marple. Quanto a Miss Marple, ao avistar de relance, da janela do quarto, Lucy Eyelesbarrow cavando um sulco para cultivar ervilhas-de-cheiro do modo correto, descansou as costas no travesseiro e suspirou aliviada. Saboreou os tentadores lanchinhos que Lucy Eyelesbarrow trazia. Escutou agradavelmente surpresa as histórias contadas pela irascível e velha empregada: "Ensinei para essa tal de srta. Eyelesbarrow um ponto de crochê que ela não conhecia! Ela ficou muito agradecida." E surpreendeu o doutor com a rapidez de sua recuperação.

Miss Marple escreveu perguntando se a srta. Eyelesbarrow não podia realizar determinada tarefa – uma tarefa bastante incomum. Talvez a srta. Eyelesbarrow pudesse marcar um encontro para tratarem do assunto.

Enquanto pensava, Lucy Eyelesbarrow franziu o cenho por um instante. Na verdade, sua agenda estava lotada. Mas a palavra *incomum* e a recordação da personalidade de Miss Marple triunfaram. Na mesma hora, ligou para Miss Marple e explicou que não podia ir até St. Mary Mead, pois estava trabalhando, mas que na tarde seguinte entre duas e quatro horas estaria livre e disponível para encontrá-la em algum lugar de Londres. Sugeriu seu próprio clube, um estabelecimento bem discreto com a vantagem de ter várias salinhas em geral escuras e vazias.

Miss Marple aceitou a sugestão e no dia seguinte a reunião aconteceu.

Após a troca de cumprimentos, Lucy Eyelesbarrow guiou a convidada para a mais escura das salas e disse:

– Estou ocupada no momento, mas podemos conversar. Qual a natureza da missão?

– É bastante simples – comentou Miss Marple. – Incomum, mas simples. Encontrar um cadáver.

Por um breve instante, passou pela cabeça de Lucy a possibilidade de Miss Marple estar sofrendo de confusão mental, mas rejeitou a ideia. O juízo de Miss Marple era notável. Não dava ponto sem nó.

– Que espécie de cadáver? – indagou Lucy Eyelesbarrow com serenidade admirável.

– Um cadáver feminino – especificou Miss Marple. – O cadáver de uma jovem assassinada (estrangulada, para ser mais exata) a bordo de um trem.

As sobrancelhas de Lucy ergueram-se de leve.

– Bem, isso é mesmo incomum. Conte-me a história.

Miss Marple contou. Lucy Eyelesbarrow escutou atenta, sem interromper. Ao final, frisou:

– Tudo gira em torno do que a sua amiga viu... ou pensou que viu...?

Deixou no ar a questão inacabada.

– Elspeth McGillicuddy não tem imaginação fértil – falou Miss Marple. – Por isso, confio no que ela disse. Mas se fosse Dorothy Cartwright... aí o caso seria *bem* diferente. Dorothy sempre inventa histórias e costuma acreditar nelas. Quase sempre há um *fundo* de verdade no que ela diz, mas só. Já Elspeth é o tipo de mulher que sequer acredita que algo extraordinário ou fora de série *possa* acontecer. Uma pessoa nada sugestionável. Tem a cabeça no lugar.

– Sei – disse Lucy, pensativa. – Bem, vamos partir do pressuposto de que acreditamos em tudo. Onde eu entro na jogada?

– Você me deixou uma impressão muito boa – elogiou Miss Marple. – E sabe, hoje não tenho mais energia para me locomover e realizar coisas.

– Quer que eu faça investigações ou algo parecido? Mas a polícia já não fez tudo isso? Ou ela tem sido negligente?

– Ah, não – respondeu Miss Marple. – A polícia não tem sido negligente. Só tenho uma teoriazinha sobre o cadáver da mulher. Deve estar *em algum lugar*. Se não foi encontrado no trem, então deve ter sido empurrado ou jogado às margens da ferrovia... Mas ainda não foi descoberto. Por isso, fiz o mesmo trajeto para ver se havia algum trecho em que o corpo pudesse ter sido jogado para fora do trem e ainda não ter sido encontrado... e havia! A ferrovia faz uma grande curva antes de chegar a Brackhampton, à beira de um aterro elevado. Se um corpo fosse arremessado dali, quando o trem estivesse no meio da curva, *acho* que cairia no fundo da ladeira.

– Mas com certeza até mesmo ali... não teria sido encontrado?

– Ah, sim. Deve ter sido levado embora... Mas vamos chegar nesse ponto. Dê uma olhada neste mapa... É bem aqui.

Lucy curvou-se para examinar a parte do mapa que o dedo de Miss Marple apontava.

– Hoje fica nos arrabaldes de Brackhampton – acrescentou Miss Marple –, mas antes era uma casa de campo com vasto parque. E continua lá, intocada... Rodeada de prédios industriais e pequenas residências suburbanas. Chama-se Rutherford Hall. Erigida em 1884 por um magnata chamado Crackenthorpe. Parece que o filho de Crackenthorpe, agora já bem velho, ainda mora lá junto com a filha. A linha ferroviária costeia boa parte do perímetro da propriedade.

– E o que a senhora quer que eu faça?

Miss Marple respondeu sem pestanejar:

– Empregue-se lá. Todo mundo precisa de mão de obra doméstica eficiente... Não vai ser difícil.

– É, acho que não.

– Ao que consta, o sr. Crackenthorpe é tido no local como pão-duro. Se tiver de aceitar um salário baixo, pago a diferença em relação ao que você costuma ganhar e mais um bom extra.

– Por causa da dificuldade?

– Não da dificuldade e sim do perigo. Sim, pode ser *perigoso.* É meu dever avisar.

– Não creio – rebateu Lucy, meditativa – que a possibilidade de perigo me fizesse desistir.

– Não disse isso – concordou Miss Marple. – Você não é nem um pouco medrosa.

– Eu diria que a senhora pensou inclusive que o perigo poderia me atrair. Enfrentei pouquíssimos perigos na vida. Mas acredita mesmo que pode ser perigoso?

– Alguém – realçou Miss Marple – cometeu um crime bem-sucedido. Ninguém reclamou justiça nem levantou suspeita. Duas idosas contaram uma história inverossímil, a polícia investigou e não descobriu nada. Então está tudo perfeito e tranquilo. Não penso que esse alguém, seja lá quem for, vá gostar que o assunto seja remexido... Em especial se você obtiver sucesso.

– O que devo procurar mais exatamente?

– Qualquer sinal ao longo da encosta do aterro. Um pedacinho de tecido, arbustos quebrados... Coisas do gênero.

Lucy assentiu com a cabeça.

– E então?

– Estarei por perto – disse Miss Marple. – Uma antiga empregada minha, a fiel Florence, mora em Brackhampton. Ela cuidou dos pais, já bem velhinhos, durante anos. Agora que os dois faleceram, ela aceita inquilinos... Tudo gente honrada. Ela me reservou um quarto por uns dias. Vai cuidar de mim com o maior carinho. E assim fico por perto para trocarmos informações. Você pode mencionar que tem uma tia idosa morando nas redondezas e por isso deseja trabalhar perto dela. Também é bom combinar um tempo livre para ir vê-la de vez em quando.

Outra vez Lucy balançou a cabeça afirmativamente.

– Eu *ia* embarcar para Taormina depois de amanhã – disse ela. – O passeio pode esperar. Mas só prometo três semanas. Depois tenho compromisso.

– Três semanas é tempo mais do que suficiente – contentou-se Miss Marple. – Se não encontrarmos nada em três semanas, vai ver tomamos alhos por bugalhos.

Miss Marple despediu-se e saiu. Lucy, após refletir um instante, telefonou para uma agência de empregos em Brackhampton, da qual conhecia muito bem a gerente. Explicou que desejava um trabalho nas vizinhanças, "para ficar perto da tia". Após Lucy declinar, com certa dificuldade e boa dose de lábia, outros locais desejáveis, a gerente da agência mencionou Rutherford Hall.

– Era algo assim que eu queria – afirmou Lucy.

A agência de empregos ligou para a srta. Crackenthorpe, e a srta. Crackenthorpe ligou para Lucy.

Dois dias depois, Lucy deixou Londres rumo a Rutherford Hall.

II

Pilotando o seu próprio utilitário, Lucy Eyelesbarrow cruzou um imponente portão de ferro. Pouco adiante, havia o que outrora devia ter sido um chalé, agora todo deteriorado – se por danos de guerra ou apenas por relaxamento, era difícil ter certeza. Uma estradinha comprida serpenteava em meio a grandes e melancólicas moitas de rododendros em direção ao solar. Lucy perdeu o fôlego ao vislumbrar a mansão, uma espécie de Castelo de Windsor em miniatura. Os degraus de pedra estavam malcuidados e os inços tomavam conta do pátio frontal, em forma de meia-lua.

Ela puxou uma antiga sineta de ferro forjado, e o barulho ecoou lá dentro. Uma senhora desleixada abriu a porta e a mediu de cima a baixo com ar desconfiado, enxugando as mãos no avental.

– Estão esperando você, né? – indagou. – Srta. Qualquer-coisa-barrow. A patroa me disse.

– Exato – respondeu Lucy.

O interior da casa era terrivelmente gélido. A cicerone a conduziu pelo escuro hall e abriu uma porta à direita. Com surpresa, Lucy viu-se numa aconchegante sala de estar íntima, com estantes de livros e cadeiras de chita.

– Vou avisar a patroa – disse a mulher, retirando-se e fechando a porta, não sem antes lançar a Lucy um olhar de profundo desdém.

Minutos depois a porta abriu-se outra vez. Desde o primeiro instante, Lucy simpatizou com Emma Crackenthorpe.

Mulher de meia-idade sem características salientes, nem bonita nem inexpressiva, vestida com correção num traje de tweed e pulôver; tinha o cabelo preto penteado para trás, serenos olhos de avelã e voz macia.

Estendeu a mão e disse:

– Srta. Eyelesbarrow?

Então pareceu hesitar.

– Andei pensando... – continuou. – Será que é este cargo mesmo que procura? Sabe, não quero uma governanta para supervisionar as coisas. Quero alguém que faça o trabalho.

Lucy respondeu que era disso que a maioria das pessoas precisava.

Emma Crackenthorpe explicou em tom de desculpa:

– Sabe, a maioria das pessoas pensa que espanar o pó resolve o caso... Mas o serviço leve eu mesma posso fazer.

– Entendo perfeitamente – concordou Lucy. – A senhorita precisa de alguém para cozinhar, lavar, limpar a casa e cuidar do fogo da caldeira. Está ótimo. É isso que eu sei fazer. Não tenho medo de trabalhar.

– A casa é grande, receio, e mal projetada. Claro que moramos apenas em parte dela... meu pai e eu. Ele está praticamente inválido. Nossa rotina é bastante pacata e temos um fogão Aga.* Tenho vários irmãos, mas aparecem pouco por aqui. Temos duas empregadas: a sra. Kidder, todas as manhãs, e a sra. Hart, três dias por semana para polir a prataria e coisas assim. Tem carro próprio?

– Sim. Tudo bem se não tiver garagem. É normal ele ficar ao relento.

– Ah, existe uma porção de estábulos antigos por aqui. Não haverá problema quanto a isso.

Franziu a testa por um instante e em seguida falou:

– Eyelesbarrow... nome raro. Alguns amigos me falaram de uma Lucy Eyelesbarrow. Os Kennedy. Conhece?

– Sim. Estive com eles em North Devon quando a sra. Kennedy teve neném.

Emma Crackenthorpe sorriu.

– Pelo que contaram, até hoje não esquecem a temporada maravilhosa com você resolvendo tudo por lá. Mas eu imaginava que o seu preço era muito alto. O valor que eu mencionei...

– Está bom para mim – antecipou-se Lucy. – Tenho um motivo especial para ficar perto de Brackhampton. Minha tia mora ali. Velha, doente e sozinha. Quero ficar um tempo perto dela e visitá-la. Por isso, o salário fica em segundo plano. Não gosto de ficar sem fazer nada... Acabando o serviço diário, a senhorita me permite um tempo livre?

– Ah, é claro. Toda tarde até as seis está bem?

---

* Fogão de ferro maciço inventado em 1922 pelo sueco Gustaf Dalén com base no princípio da conservação do calor. (N.T.)

– Perfeito.

A srta. Crackenthorpe titubeou antes de dizer:

– Meu pai é um senhor de idade. Um pouco... difícil de lidar às vezes. É obcecado por economia e às vezes fala coisas que incomodam as pessoas. Não gostaria que...

Lucy apressou-se a interromper:

– Tenho bastante experiência com pessoas idosas. De todos os tipos – enfatizou. – Sempre dou um jeito de levar as coisas.

Emma Crackenthorpe pareceu aliviada.

"Problema com o pai!", diagnosticou Lucy. "Aposto que é intratável."

Foi instalada num quarto espaçoso e escuro cuja estufinha elétrica mal conseguia aquecer. Em seguida, ela foi convidada a conhecer a casa – um solar imenso e desconfortável. Ao passarem por uma porta no hall, soou uma voz tonitruante:

– É você, Emma? Chegou a empregada nova? Traga ela aqui. Quero ver como ela é.

Emma enrubesceu e relanceou um olhar de desculpa a Lucy.

As duas mulheres atenderam o pedido. Pelas estreitas janelas entrava uma luz tênue, revelando uma sala ricamente estofada em veludo negro, repleta de móveis vitorianos feitos de mogno.

O velho sr. Crackenthorpe estava espichado numa cadeira para inválidos, com a bengala de cabo de prata ao lado.

A carne pendia em dobras frouxas na cara de buldogue do homenzarrão esquelético. Tinha queixo brigão, vasta cabeleira grisalha e pequeninos olhos suspicazes.

– Deixa eu dar uma olhada em você, mocinha.

Calma, Lucy deu um passo à frente, sorrindo.

– É melhor você entender logo uma coisa. Só porque moramos numa casa grande não quer dizer que somos ricos. *Não* somos ricos. Vivemos de maneira simples... entendeu? De maneira simples! Se quiser trabalhar aqui, deixe de lado qualquer ideia de ostentação. Merluza é um peixe tão bom quanto linguado, em qualquer ocasião, e não vá se esquecer! Não suporto esbanjamento. Moro na casa que meu pai construiu e gosto dela. Depois que eu morrer, se quiserem podem vendê-la... Sei que vão vender. Não têm senso de família. Esta casa é bem construída... Sólida e cercada por nossa própria terra. Aqui temos privacidade. Pode até dar um bom dinheiro transformá-la em loteamento, mas não enquanto *eu* viver. Só saio daqui de canela esticada.

Fitou Lucy.

– Seu lar é seu castelo – disse Lucy.

– Caçoando de mim?

– Lógico que não. Acho emocionante um lugar realmente campestre todinho cercado pela cidade.

– É verdade. Não se vê outra casa por perto, não é? As vacas no pasto... bem no coração de Brackhampton. Quando venta daquela direção dá para escutar um pouco do tráfego... senão, é puro campo.

Sem pausa ou mudança de inflexão, acrescentou para a filha:

– Ligue para aquele médico idiota. Diga-lhe que o último remédio não funcionou.

Lucy e Emma saíram. Ele gritou no rastro delas.

– E não deixem entrar aquela maldita faxineira que não para de fungar. Ela tira do lugar todos os meus livros.

Lucy indagou:

– Faz tempo que o sr. Crackenthorpe está inválido?

Emma foi bastante evasiva.

– Ah, faz muitos anos... A cozinha é aqui.

A cozinha era colossal. Boa parte da peça permanecia fria e em desuso. O Aga ficava junto à parede, dando à cozinha um aspecto grave.

Lucy perguntou os horários das refeições e inspecionou a despensa.

Então, com alegria, disse a Emma Crackenthorpe:

– Agora já sei de tudo. Não se preocupe. Deixe tudo comigo.

Naquela noite, Emma Crackenthorpe soltou um suspiro de alívio enquanto subia para a cama.

– Os Kennedy tinham toda a razão – murmurou ela consigo. – Ela é maravilhosa.

Às seis horas da manhã Lucy estava de pé. Arrumou a casa e preparou a salada; ajeitou tudo, assou e serviu o café da manhã. Com a ajuda da sra. Kidder, fez as camas e às onze horas se sentaram na cozinha para tomar um chá forte e comer biscoitos. Estimulada pelo fato de que Lucy "não tinha o nariz empinado" e também pelo sabor pronunciado e doce do chá, a sra. Kidder começou a fofocar. Era magra e pequena, de olhar penetrante e lábios finos.

– Um sovina consumado, é o que *ele* é. Ela tem de suportar cada coisa! Ao mesmo tempo, sabe driblar a tirania. Consegue se impor quando precisa. Quando o pessoal aparece, ela providencia um cardápio melhor.

– O pessoal?

– Sim. Família grande. O mais velho, sr. Edmund, morreu no front. Depois tem o sr. Cedric, que mora em algum lugar do exterior. Solteirão. Pinta quadros nas bandas do estrangeiro. O sr. Harold mora em Londres e trabalha no centro financeiro... casou com a filha de um conde. Depois vem o sr. Alfred; tem um jeito bonachão, mas é uma espécie de ovelha negra. Esteve em apuros uma ou duas vezes. Tem também o marido da sra. Edith, o sr. Bryan, sempre tão simpático... Ela morreu há alguns anos, mas ele não perdeu o contato com a família. Por fim tem o patrãozinho Alexander, o menino da sra. Edith. Está na escola e sempre passa as férias conosco. A srta. Emma tem adoração por ele.

Lucy digeriu todas essas informações, continuando a abastecer a xícara da informante. Enfim, com certa relutância, a sra. Kidder levantou-se.

– Fizemos um intervalo bem divertido essa manhã – disse ela mais para si do que para ser ouvida. – Não quer uma ajudinha com as batatas, querida?

– Já estão prontas.

– Puxa, você sabe se organizar! Bem, já que não sobrou nada para fazer, vou andando.

A sra. Kidder retirou-se, e Lucy, com tempo à disposição, escovou a mesa da cozinha, coisa que estava angustiada para fazer, mas teve de postergar para não ofender a sra. Kidder, pois cabia a ela ter feito isso. Então limpou a prataria até deixá-la brilhando. Preparou e serviu o almoço, retirou os pratos, lavou a louça e às duas e meia estava livre para explorar o ambiente, não sem antes deixar os apetrechos do chá prontos numa bandeja, junto a sanduíches de pão com manteiga cobertos por guardanapos úmidos para mantê-los frescos.

Passeou no jardim, a coisa mais natural a fazer. Poucas espécies cresciam na horta. As estufas para as plantas estavam caindo aos pedaços. Ervas daninhas se alastravam por todas as trilhas. Uma bordadura do jardim perto da casa era o único trecho bem-cuidado e livre de inços. Lucy suspeitou ser obra de Emma. O jardineiro, muito velho e um pouco surdo, apenas fingia trabalhar. Lucy o cumprimentou em tom agradável. Ele morava num chalé ao lado da grande estrebaria.

Aos fundos da estrebaria, um caminho cercado dividia o parque, passava sob um viaduto da ferrovia e entrava numa alameda.

De tempos em tempos, um trem fazia estremecer a estrada de ferro sobre o viaduto. Lucy ficou observando os trens passarem, desacelerando ao entrarem na acentuada curva que circundava a propriedade dos Crackenthorpe.

Passou embaixo do arco e penetrou na alameda. Parecia que pouca gente andava por ali. De um lado estava o aterro da viação férrea, do outro um muro alto protegendo um conjunto de altos prédios industriais. Lucy continuou na alameda até chegar numa ruela de casinhas. Era possível escutar não longe dali o barulho da rodovia principal. Consultou o relógio de relance. Uma senhora saiu de casa, e Lucy a parou.

– Por gentileza, pode me dizer se há um telefone público por aqui?

– No correio, dobrando a esquina.

Lucy agradeceu e caminhou até chegar ao estabelecimento, mistura de loja com agência de correios. Havia uma cabine telefônica num canto. Ela entrou e fez uma ligação. Pediu para falar com Miss Marple. Uma voz feminina vociferou:

– Ela está descansando. E não vou incomodá-la! Ela precisa repousar... É uma senhora de idade! Quer deixar recado?

– Não precisa perturbá-la. Diga apenas que Lucy Eyelesbarrow chegou. Está tudo indo bem. Qualquer novidade, eu ligo.

Recolocou o fone no gancho e tomou o caminho de volta a Rutherford Hall.

Capítulo 5

I

– Se importa se eu praticar umas tacadas no parque? – perguntou Lucy.

– Fique à vontade. Gosta de golfe?

– Não jogo bem, mas gosto de manter a forma. E o golfe é um exercício mais agradável do que caminhar a esmo.

– Fora de nossa propriedade não há lugar bom para caminhadas – rosnou o sr. Crackenthorpe. – Nada além de calçadas e quadras e quadras de casebres miseráveis. Querem tomar posse de minha terra para construir mais delas. Mas só depois que eu for para cova. E não vou morrer para favorecer ninguém. Pode ficar certa! *Ninguém!*

Emma Crackenthorpe intercedeu suavemente:

– Ora, pai.

– *Sei* o que eles pensam... e o que esperam. Todos, sem exceção. Cedric e Harold, aquela raposa astuta com cara de almofadinha. Quanto a Alfred, fico pensando por que ainda não tentou me matar. Não tenho certeza se não tentou no Natal. Levei um susto daqueles. Até o velho Quimper ficou todo confuso. Fez várias perguntas estranhas.

– Todo mundo tem problemas digestivos de vez em quando, pai.

– Certo, por que não diz logo que eu comi demais? É isso que está insinuando. E *por que* eu comi demais? Porque havia muita comida na mesa, bem além do necessário. Desperdício e esbanjamento. O que me faz lembrar... de você, mocinha. Cinco batatas no almoço... e ainda por cima das graúdas. Duas batatas por cabeça é mais do que suficiente. De agora em diante não cozinhe mais do que quatro. A que sobrou hoje foi desperdiçada.

– Não será desperdiçada, sr. Crackenthorpe. Vou usá-la numa omelete espanhola hoje à noite.

– Argh!!

Enquanto Lucy saía da sala com a bandeja do café escutou ele dizendo:

– Mocinha metida. Sempre com a resposta na ponta da língua. Mas a comida é saborosa... Belo espécime feminino.

Prevenida, Lucy Eyelesbarrow trouxera a coleção de tacos de golfe; escolheu um taco leve, pulou a cerca e foi passear no parque.

Começou a dar uma série de tacadas. Cinco minutos depois, uma bola pegou efeito e caiu em cima do aterro da ferrovia. Lucy subiu e começou a procurar. Olhou por cima do ombro em direção à residência. Uma distância razoável. E ninguém estava nem um pouco interessado no que ela estava fazendo. Continuou a procurar. De vez em quando, dava uma tacada do alto do aterro até o campo. Ao longo da tarde, examinou um terço do aterro. E nada. Deu uma tacada na direção da casa.

Então, no dia seguinte, deparou-se com algo. Um pé de espinheiro, que crescia mais ou menos na metade da altura do aterro, havia sido quebrado ao meio. Os galhos quebrados se espalhavam perto do pé. Lucy examinou o arbusto. Cravado num dos espinhos havia um pedaço de pele rasgada, de cor marrom-clara, quase igual à da madeira. Lucy a observou por um instante. Então sacou uma tesoura do bolso e cortou o pedaço de pele cuidadosamente ao meio. Inseriu a parte cortada num envelope e guardou no bolso. Desceu a encosta vasculhando o terreno para ver se aparecia algo mais. Perscrutou com atenção as touceiras do campo. Teve a impressão de distinguir o rastro de alguém caminhando na grama alta.

Mas era quase imperceptível – bem menos evidente do que o rastro que ela estava deixando. Devia ter sido feito há algum tempo; muito tênue para se ter certeza de que não era apenas imaginação.

Começou a esquadrinhar rente ao solo no meio das macegas na base do aterro, logo abaixo do espinheiro quebrado. De repente, a busca foi recompensada. Descobriu um estojinho de pó de arroz, laqueado e barato. Embrulhou num lenço e guardou no bolso. Voltou a procurar, mas não achou mais nada.

Na tarde seguinte, pegou o carro para visitar a tia doente. Amável, Emma Crackenthorpe dissera:

– Não se apresse. Vamos precisar de você só para a janta.

– Obrigada, mas pretendo voltar às seis, no mais tardar.

Madison Road, número 4. Casinha sem graça numa ruela sem graça. Impecáveis cortinas de renda, degrau da porta de um branco reluzente e maçaneta bem polida. Uma senhora alta, de aparência severa, vestida de preto, com imenso coque cinza escuro, abriu a porta.

Ficou avaliando Lucy com olhar desconfiado, enquanto a acompanhava até Miss Marple.

Miss Marple estava na sala dos fundos, que dava para o pequeno e asseado jardim. Saltava aos olhos a limpeza da sala, decorada com tapetinhos, pequenos guardanapos, bibelôs de porcelana, móveis da época de Jaime I e dois vasos de samambaia. Na poltrona junto ao fogo, Miss Marple entretinha-se fazendo crochê.

Lucy entrou e fechou a porta. Sentou-se na cadeira defronte a Miss Marple.

– Muito bem! – exclamou. – Parece que a senhora tinha razão.

Mostrou os objetos achados e detalhou as descobertas.

As bochechas de Miss Marple coraram levemente de satisfação.

– Talvez eu não devesse me sentir assim – disse ela –, mas *como* é gratificante formular uma teoria e provar que ela estava certa!

Acariciou o pedacinho de pele entre os dedos.

– Elspeth disse que a mulher vestia um casaco de pele clara. Imagino que o estojo estava no bolso do casaco. Deve ter caído quando o corpo rolou aterro abaixo. Não parece ter alguma característica especial, mas pode ajudar. Não pegou toda a pele?

– Não, deixei metade no arbusto quebrado.

Miss Marple aprovou com a cabeça.

– Ótimo. Você é muito perspicaz, querida. A polícia vai querer checar todos os detalhes.

– Vai até a polícia... com estas coisas?

– Bem... ainda não... – avaliou Miss Marple. – Seria melhor primeiro encontrarmos o corpo. Não concorda?

– Sim. Mas não lhe parece uma missão difícil? Quero dizer, considerando correta sua hipótese. O assassino joga o corpo do trem. Em seguida, tudo indica, desce em Brackhampton e volta ao local, não se sabe quando (talvez na mesma noite) e recolhe o cadáver. Mas o que acontece depois? Ele pode ter escondido o corpo *em qualquer lugar*.

– Não *em qualquer lugar* – disse Miss Marple. – Não creio que você tenha seguido o raciocínio até a conclusão lógica, minha querida Lucy Eyelesbarrow.

– Por favor, me chame Lucy. Por que não em qualquer lugar?

– Porque, se fosse assim, ele poderia com mais facilidade ter assassinado a moça em algum local ermo e removido o corpo de lá. Você não avaliou com precisão...

Lucy a cortou.

– Então a senhora acha que o crime foi premeditado?

– No começo não achei – respondeu Miss Marple. – O natural seria pensar que não. Parecia mais uma briga em que o homem descontrolado estrangulou a moça e depois teve de resolver o problema em poucos minutos. Mas é mesmo muita coincidência que ele tenha estrangulado a moça num acesso de raiva e então olhado pela janela e descoberto que o trem contornava uma curva bem no ponto em que poderia desovar o corpo *e* no ponto em que teria certeza de encontrá-lo para removê-lo mais tarde! Se ele a tivesse jogado num ponto ao acaso, não teria feito mais nada a respeito, e o cadáver já teria sido encontrado há tempo.

Fez uma pausa. Lucy a encarou.

– Sabe – disse Miss Marple, pensativa –, é um modo bem inteligente de planejar um crime... Penso que foi planejado nos mínimos detalhes. Há algo tão anônimo na natureza dos trens. Se o assassino a matasse no lugar onde ela morava ou estivesse hospedada, alguém poderia vê-lo chegando e indo embora. Ou se ele a tivesse levado a um passeio de carro no interior, alguém poderia ver a placa e as características do veículo. Mas um trem é repleto de gente desconhecida, indo e vindo. Num trem sem corredor, sozinho com ela, foi muito fácil... Ainda mais levando em conta que ele sabia exatamente o próximo passo. Ele sabia (*devia* saber) tudo sobre Rutherford Hall... a posição geográfica, o estranho isolamento... Uma ilha cercada de ferrovias por todos os lados.

– É exatamente isso – concordou Lucy. – Um anacronismo arcaico. A vida urbana fervilha ao redor, mas não toca a propriedade. Os fornecedores fazem entregas pela manhã e nada mais.

– Então vamos supor, como você disse, que o assassino foi a Rutherford Hall naquela noite. Já é noite quando rola o corpo e dificilmente alguém vai descobri-lo antes do dia raiar.

– Sim, dificilmente.

– O assassino viria... como? De carro? Por onde?

Lucy meditou.

– Uma viela de chão batido passa ao lado do muro de uma fábrica. Tudo indica que veio por ali, passou por baixo do viaduto da ferrovia e chegou pelos fundos da propriedade. Então galgou a cerca, caminhou até a base do aterro, encontrou o corpo e o carregou até o carro.

– E em seguida – atalhou Miss Marple – o levou até algum local escolhido de antemão. Tudo bem estudado, sabe. O corpo deve estar em Rutherford Hall ou não muito longe. A pergunta óbvia: terá sido enterrado perto dali?

Fitou Lucy com olhar inquisidor.

– Acho que sim – disse Lucy, com ar pensativo. – Mas não seria tão fácil como parece.

Miss Marple concordou.

– Ele não poderia enterrar no gramado. É um trabalho árduo e chamaria a atenção. Em algum lugar com a terra já revolvida?

– Talvez na horta. Fica junto ao chalé do jardineiro. Ele é velho e surdo... Mas assim mesmo seria arriscado.

– Há cachorros na propriedade?

– Não.

– E num galpão ou alpendre?

– Seria mais simples e rápido... Há uma porção de galpões fora de uso; chiqueiros, salas de arreios e oficinas desativadas, dos quais ninguém chega perto. O corpo também pode ter sido enfiado num arbusto de rododendros ou noutra moita qualquer.

Miss Marple assentiu com a cabeça

– Sim, acho que isso é *bem* mais provável.

Bateram à porta, e a severa Florence apareceu com uma bandeja.

– Que bom receber visita – disse ela para Miss Marple. – Fiz uma fornada de bolinhos de aveia, daqueles que a senhora gosta.

– Florence sempre faz quitutes deliciosos – elogiou Miss Marple.

Florence, recompensada, estorceu o rosto num sorriso de todo inesperado e retirou-se.

– Bem, querida, hora do chá – salientou Miss Marple. – Chega de falar sobre assassinato. Que assunto mais *desagradável!*

II

Depois do chá, Lucy ergueu-se.

– Vou indo – avisou. – Como já disse, nenhum morador de Rutherford Hall pode ser o homem que procuramos. Os únicos habitantes são o velho, a filha de meia-idade e o jardineiro velho e surdo.

– Eu não disse que ele *morava* lá – retorquiu Miss Marple. – Só quis dizer que conhece muito bem Rutherford Hall. Mas voltamos a falar nisso depois que você encontrar o corpo.

– Parece ter certeza de que *vou* encontrá-lo – disse Lucy. – Não estou tão otimista assim.

– Estou certa de que vai, minha querida Lucy. Você é tão eficiente!

– Pode ser, mas não tenho experiência em procurar cadáveres.

– Tudo o que precisamos é de uma pitada de bom senso – encorajou Miss Marple.

Lucy a fitou e deu uma risadinha. Miss Marple respondeu com um sorriso.

Na tarde seguinte, de acordo com o plano traçado, Lucy colocou mãos à obra.

Escarafunchou as imediações dos alpendres e vasculhou os arbustos ao redor dos velhos chiqueiros. Bisbilhotava a sala da caldeira embaixo da estufa das plantas quando ouviu uma tossida seca e se virou. O velho Hillman, o jardineiro, a mirava com olhos desaprovadores.

– Cuidado para não se esborrachar, senhorita – alertou ele. – Essa escada não é segura, não. E a senhorita estava lá em cima agora há pouquinho, o assoalho lá também não é firme.

Lucy teve cuidado para não demonstrar qualquer embaraço.

– Deve pensar que sou muito intrometida – disse ela com desenvoltura. – Só fiquei pensando no que podia ser feito neste lugar... Cultivo comercial de cogumelos, quem sabe? Tudo parece tão atirado às traças.

– Culpa do patrão. Não gasta com nada. Tinha que ter dois homens e um rapaz para manter tudo em dia, mas ele não quer nem pensar nisso. Foi um sofrimento fazer o velho comprar um cortador de grama motorizado. Se dependesse dele, eu cortava toda a grama no braço.

– Mas e se o lugar se tornasse rentável... com pouco investimento?

– Difícil um lugar assim dar dinheiro... muito tempo abandonado. Mas o velho nem se importa. Só pensa em acumular. Sabe muito bem o que vai acontecer depois que morrer... A filharada vai vender tudo o mais rápido que puder. Sim, senhorita! Só estão esperando ele bater as botas. Vão colocar as mãos numa boa grana quando ele morrer, a gente escuta.

– Então ele é muito rico? – indagou Lucy.

– A família é dona das Guloseimas Crackenthorpe. Quem começou a empresa foi o pai do sr. Crackenthorpe. Homem de visão, todo mundo achava. Ficou rico e construiu este lugar. Dizem que era durão e não levava desaforo pra casa. Mesmo assim, *mão-aberta*. Não tinha nada de pão-duro. Ficou decepcionado com os filhos, dizem. Educação e criação de cavalheiros... Oxford e o diabo a quatro. Mas ficaram tão cavalheiros que nem quiseram saber dos negócios. O mais novo se casou com uma atriz e se espatifou num acidente de carro. Tinha bebido. No mais velho (o nosso aqui) o pai nunca botou fé. Só queria saber de viajar pro exterior, comprar estátuas e mandar pra casa. Quando moço não era tão apegado ao dinheiro... isso veio com a idade. Dizem que nunca se deu bem com o pai.

Lucy digeriu essas informações com um ar de polido interesse. O velho escorou-se na parede e preparou-se para continuar a saga. Sem dúvida preferia conversar a trabalhar.

– Morreu antes da guerra, o patriarca. Gênio terrível. Ai de quem tivesse a ousadia de desafiá-lo.

– E depois que ele morreu, o filho veio morar aqui?

– Sim, ele e a família. Já estavam bem grandinhos na época.

– Claro... agora entendo. Você quis dizer a Primeira Guerra.

– Não. Morreu em 1928, isso que eu quis dizer.

Lucy imaginou que o ano de 1928 poderia ser qualificado como "antes da guerra", embora não tivesse sido descrito assim. Comentou:

– Bem, acho que o senhor quer voltar ao trabalho. Não quero atrapalhar o seu serviço.

– Que nada – disse o velho Hillman sem entusiasmo –, não tenho nada para fazer essa hora. Já não se enxerga direito.

Lucy retornou à mansão, não sem antes investigar um arbusto de bétulas e azaleias um tanto suspeito.

Emma Crackenthorpe lia uma carta no hall. O correio vespertino acabara de ser entregue.

– Meu sobrinho vem nos visitar amanhã... Ele e um colega da escola. O quarto de Alexander é em cima do pórtico. James Stoddard-West pode ficar no quarto ao lado. Os dois podem usar o banheiro do outro lado do corredor.

– Pode deixar, srta. Crackenthorpe. Vou providenciar a arrumação dos quartos.

– Chegam de manhã, antes do almoço. – Ela hesitou. – Vão estar famintos.

– Aposto que sim – disse Lucy. – Que tal rosbife? Com torta de melaço na sobremesa?

– Alexander adora torta de melaço.

Na manhã seguinte os dois meninos chegaram. Os dois tinham o cabelo bem-escovado, rostos suspeitosamente angelicais e modos irrepreensíveis. Alexander Eastley tinha cabelos loiros e olhos azuis; Stoddard-West era moreno e usava óculos.

Durante o almoço, discorreram com seriedade sobre os acontecimentos do mundo esportivo, fazendo referências ocasionais aos mais recentes contos de ficção científica. Os dois pareciam velhos catedráticos discutindo sobre ferramentas do paleolítico. Comparada a eles, Lucy sentiu-se uma criança.

A alcatra sumiu num piscar de olhos e não sobrou nenhum pedacinho de torta de melaço para contar história.

O sr. Crackenthorpe resmungou:

– Esses dois comilões vão me dar um desfalque.

Alexander respondeu com olhar de censura:

– Se o senhor não pode arcar com as despesas da carne, podemos comer pão com queijo, vô.

– Arcar com as despesas? Claro que *posso* arcar com as despesas. Não gosto é de desperdício.

– Não houve desperdício algum, *sir* – disse Stoddard-West, baixando o olhar ao prato, legítimo testemunho da afirmação.

– Vocês comem o dobro que eu.

– Estamos em fase de crescimento – explicou Alexander. – Precisamos de alta ingestão de proteínas.

O velho rosnou.

Enquanto os meninos se afastavam da mesa, Lucy escutou Alexander dizer ao amigo, em tom de desculpa:

– Não dê ouvidos a ele. Está fazendo uma dieta ou coisa parecida, e isso o deixa bem esquisito. Além disso, é um tremendo unha de fome. Deve ser um tipo de complexo.

Stoddard-West assentiu, compreensivo:

– A minha tia é obcecada em não ir à falência. Juro, ela tem rios de dinheiro. Patológico, diagnosticou o médico. Vamos jogar bola?

Depois de tirar a mesa e lavar a louça, Lucy saiu. Pôde escutar a voz dos meninos no gramado ao longe. Tomou a direção oposta, descendo pelo caminho da frente. Dali enveredou rumo às moitas de rododendros. Começou a vasculhar com cuidado, segurando as folhas para trás e espiando por dentro. Com método, foi investigando moita após moita, com a ajuda do taco de golfe, quando a voz educada de Alexander Eastley a sobressaltou.

– Procurando alguma coisa, srta. Eyelesbarrow?

– Uma bola de golfe – disse Lucy sem pestanejar. – Várias bolas, na verdade. Costumo dar umas tacadas durante a folga da tarde e já perdi um monte delas. Hoje tirei um tempo para ver se localizo alguma.

– Vamos ajudá-la – disse Alexander, solícito.

– Não se incomodem. Pensei que vocês estivessem jogando futebol.

– Não dá para jogar bola muito tempo – explicou Stoddart-West. – Esquenta demais o corpo. Joga golfe seguido?

– Sou aficionada. Mas não tenho muitas oportunidades.

– Imagino que não. Você é a cozinheira daqui, não é?

– Sim.

– Foi você quem fez o almoço hoje?

– Sim. Gostou?

– Simplesmente mágico – disse Alexander. – Na escola a carne é horrível, só servem bife duro como sola. Adoro bife malpassado e suculento. E aquela torta de melaço! Sensacional.

– Precisa me contar quais os pratos de que mais gosta.

– Pode fazer merengue de maçã um dia desses? É minha comida favorita!

– Claro.

Alexander suspirou de felicidade.

– Há um jogo de minigolfe embaixo da escada – disse ele. – Poderíamos montá-lo no gramado e dar umas tacadas. O que acha, Stodders?

Stoddart-West respondeu com uma exclamação típica dos australianos:

– Ma-ra-vi-lha!

– Ele não é australiano de verdade – explicou Alexander com polidez. – Só está treinando. Ano que vem quer assistir ao torneio internacional de críquete.

Com o incentivo de Lucy, os dois saíram para pegar o jogo de minigolfe. Mais tarde, quando ela voltava para casa, encontrou-os montando o jogo no gramado e discutindo a posição dos números.

– Não queremos montar em forma de relógio – disse Stoddard-West. – Isso é coisa de criança. Queremos um percurso. Buracos longos e curtos. Pena... Os números estão bem enferrujados. Mal dá para distingui-los.

– Estão precisando de uma tinta branca – diagnosticou Lucy. – Amanhã podem conseguir um pouco de tinta e pintá-los.

– Boa ideia! – O rosto de Alexander iluminou-se. – Aliás, lembro ter visto algumas latas velhas de tinta no celeiro grande... que o pintor deixou nas últimas férias. Podemos dar uma olhada?

– Celeiro grande? – quis saber Lucy.

Alexander apontou em direção a um comprido prédio de pedra um pouco afastado da casa, perto da estrada dos fundos.

– É bem antigo – informou ele. – O vô o chama de goteira grande. Diz que é elisabetano, mas isso é pretensão dele. Pertencia à casa de fazenda original que existia aqui. Meu bisavô a mandou demolir e construiu esta casa horrível no lugar.

Acrescentou:

– Boa parte da coleção do vô está no celeiro. Coisas que ele mandou do exterior para cá quando era moço. A maioria, coisas de mau gosto. O celeiro grande é usado às vezes para torneios de uíste e coisas do tipo. Eventos promovidos pelo Instituto Feminino. E pelo Sindicato dos Vendedores. Venha conosco conhecê-lo.

Lucy os acompanhou de boa vontade.

A grande porta de carvalho do celeiro era guarnecida de cabeças de pregos.

Alexander esticou o braço e pegou a chave num prego logo abaixo de uma hera na parte superior direita da porta. Destrancou a fechadura, empurrou a porta, e entraram.

À primeira vista Lucy teve a impressão de estar num museu estranhamente ruim. Dois imperadores romanos, em bustos de mármore, pareciam encará-la com olhos esbugalhados. Ao lado de um enorme sarcófago da decadência greco-romana, uma Vênus sorria com afetação, segurando as vestes. Além das obras de arte, havia duas mesas de cavaletes, uma pilha de cadeiras e inúmeras quinquilharias: um cortador de grama enferrujado, dois baldes, dois assentos de carro carcomidos pelas traças e um banco verde para jardim, feito de ferro, com uma perna quebrada.

– Acho que a tinta ficou por aqui – disse Alexander sem muita certeza. Andou até um canto e puxou para o lado uma cortina toda esfarrapada que escondia um nicho do celeiro.

Encontraram duas latas de tinta com pincéis secos e endurecidos.

– Vão precisar de um solvente – disse Lucy.

Mas não conseguiram achar solvente. Os meninos falaram em pegar as bicicletas e buscar. Lucy os incentivou a fazer isso. Pintar os números do minigolfe deixaria os meninos entretidos por um bom tempo, pensou ela.

Os dois saíram, deixando Lucy no celeiro.

– Este lugar está merecendo uma limpeza – havia comentado ela.

– Eu não perderia meu tempo com isso – alertou Alexander. – Ele só é limpo quando vai ser usado por algum motivo, mas nesta época do ano praticamente não é usado.

– Penduro a chave na porta de novo? É ali o lugar dela?

– Sim. Aqui não há nada para ser roubado, sabe. Ninguém vai querer essas horríveis estátuas de mármore. E, além do mais, pesam uma tonelada.

Lucy concordou com ele. O gosto artístico do sr. Crackenthorpe era bastante duvidoso. Parecia ter o dom infalível de escolher o pior exemplar de cada período.

Depois que os meninos saíram, Lucy continuou perscrutando o ambiente. Seu olhar descansou no sarcófago e permaneceu nele.

Aquele sarcófago...

Havia um tênue cheiro de mofo no ar, como o de um ambiente há tempos mal arejado. Lucy aproximou-se do sarcófago. Com olhos especulativos, mirou a tampa pesada e justa.

Então saiu do celeiro, foi à cozinha, encontrou um pesado pé de cabra e voltou.

A tarefa não era fácil, mas Lucy labutou com pertinácia.

Devagar, a tampa começou a se abrir, alavancada pelo pé de cabra.

Lucy abriu o suficiente para ver o conteúdo...

Capítulo 6

I

Poucos minutos depois, Lucy, branca como cera, saiu do celeiro, passou a chave na fechadura e pendurou-a no prego.

Chispou em direção à estrebaria, pegou o carro e saiu pela estrada dos fundos. Parou na agência dos correios no fim da estrada. Entrou na cabine telefônica, colocou uma moeda e discou o número.

– Quero falar com Miss Marple.

– Ela está descansando. É a srta. Eyelesbarrow, não é?

– Sim.

– Nem pense que vou perturbá-la. Ela é uma senhora de idade e precisa descansar.

– Precisa chamá-la. É urgente.

– Não vou...

– Por favor, faça o que estou pedindo *agora.*

Quando era preciso, a voz de Lucy era cortante como aço. Florence sabia muito bem reconhecer autoridade.

Pouco depois, ouviu-se a voz de Miss Marple:

– Sim, Lucy?

Lucy respirou fundo.

– A senhora tinha toda a razão – disse ela. – Encontrei.

– Um cadáver de mulher?

– Sim. Vestindo um casaco de pele. Dentro de um sarcófago de pedra numa espécie de mistura de museu com celeiro perto da casa. O que devo fazer? O certo seria avisar a polícia.

– Sim. Avise a polícia. Imediatamente.

– Mas e o restante da história? Sobre a senhora? A primeira coisa que vão querer saber é por que eu abri uma tampa que pesa toneladas sem motivo aparente. Quer que eu invente um motivo? Sou capaz.

– Não. Olhe – disse Miss Marple com voz dócil e sincera –, acho que a única coisa a fazer é dizer a verdade. Tintim por tintim.

– Inclusive sobre a senhora?

– Sobre tudo.

Um sorriso repentino rompeu a palidez do rosto de Lucy.

– Isso para mim será muito fácil – comentou. – Mas eles vão achar difícil de acreditar!

Desligou, esperou um minuto e então ligou para a delegacia de polícia.

– Acabo de descobrir um cadáver dentro de um sarcófago em Rutherford Hall. No celeiro grande.

– Como é que é?

Lucy repetiu a declaração e antecipou a pergunta seguinte dando o seu nome.

Voltou à propriedade, guardou o carro e entrou na casa.

Parou no hall por um instante, refletindo.

Então, com um aceno de cabeça breve e decidido, entrou na biblioteca, onde a srta. Crackenthorpe ajudava o pai a fazer as palavras cruzadas do *The Times.*

– Srta. Crackenthorpe, pode me dar um minuto de atenção?

Emma ergueu os olhos, apreensiva. A apreensão era, pensou Lucy, de caráter apenas doméstico. Bons funcionários anunciam a partida iminente com essas palavras.

– Desembuche logo, menina – irritou-se o velho Crackenthorpe.

Lucy dirigiu-se a Emma:

– Gostaria de falar com a senhorita em particular, por favor.

– Besteira – disse o sr. Crackenthorpe. – Fale agora o que tem a dizer.

– Só um instantezinho, pai.

Emma levantou-se e rumou à porta.

– Que bobagem. Não é nada urgente – disse o homem com raiva.

– Desculpe, mas é urgente – disse Lucy.

O sr. Crackenthorpe exclamou:

– Quanta impertinência!

Emma saiu da sala e entrou no hall. Lucy a seguiu e fechou a porta atrás de si.

– Então? – indagou Emma. – De que se trata? Se os meninos estão dando muito trabalho, posso ajudá-la...

– Não é nada disso – explicou Lucy. – Não quis falar na frente de seu pai. Sei que ele é inválido e pode sofrer um choque. É que acabo de descobrir um cadáver de mulher naquele grande sarcófago do celeiro. Parece ter sido assassinada.

Emma Crackenthorpe a encarou.

– Mulher no sarcófago? Assassinada? É impossível!

– Infelizmente é a pura verdade. Avisei a polícia. Devem estar chegando.

Emma corou de leve.

– Devia ter me contado primeiro... antes de comunicar a polícia.

– Sinto muito – disse Lucy.

– Não escutei você discando – falou Emma, relanceando o olhar ao telefone na mesa do hall.

– Liguei da agência de correios descendo a estrada.

– Mas que coisa estranha! Por que não ligou daqui?

Lucy pensou com rapidez.

– Fiquei com medo de que os meninos estivessem por perto... e pudessem escutar... se eu ligasse daqui.

– Sei... sim... percebo... Vão chegar logo... a polícia, quero dizer?

– Neste exato momento – disse Lucy, escutando a freada de um veículo que estacionava na entrada. Em seguida, a sineta ecoou pela casa.

II

– Sinto muito... submetê-la a isso – disse o inspetor Bacon.

Amparou o braço de Emma Crackenthorpe e a conduziu para fora do celeiro. Com o rosto empalidecido, Emma parecia estar de estômago embrulhado, mas caminhava em posição ereta.

– Nunca vi essa mulher antes, tenho certeza.

– Estamos muito gratos, srta. Crackenthorpe. É tudo que eu queria saber. Quer repousar, talvez?

– Preciso falar com meu pai. Liguei ao dr. Quimper logo que fiquei sabendo disso. O doutor está com ele agora.

Quando atravessavam o hall, o dr. Quimper saiu da biblioteca. Alto, cordial, animava os pacientes com ocasionais tiradas irônicas.

Ele e o inspetor trocaram acenos de cabeça.

– A srta. Crackenthorpe cumpriu com bravura a desagradável missão – disse Bacon.

– Muito bem, Emma – afirmou o médico, dando um tapinha no ombro dela. – Você tem fibra. Sempre soube disso. Tudo bem com seu pai. Entre e fale um pouco com ele. Então vá até a sala de jantar e tome um cálice de conhaque. É uma recomendação médica.

Emma sorriu com gratidão e entrou na biblioteca.

– Essa mulher é divina – comentou o doutor. – Uma pena não ter se casado. O ônus de ser a única moça de uma família de homens. A outra irmã libertou-se, casou aos dezessete anos, se não me engano. A que ficou é maravilhosa. Teria sido bela mãe e ótima esposa.

– Muito dedicada ao pai, suponho – comentou o inspetor Bacon.

– Nem tanto... Mas tem o instinto que certas mulheres têm... Sabe agradar os homens da família. Nota que o pai gosta de ser inválido, então o deixa ser inválido. E age de maneira igual com os irmãos. Cedric pensa que é bom pintor. Já o outro, como é mesmo o nome dele... Harold, crê que ela confia em seu parecer ajuizado. Para Alfred, ela finge surpresa ao ouvir seus relatos de negócios inteligentes. Ah, ela não tem nada de burra, pelo contrário. Bem, posso ajudar em mais alguma coisa? Quer que eu dê uma olhada no cadáver agora que o médico legista já aprontou o trabalho? Quem sabe não descubro que é um de meus erros médicos...

– Sim, doutor, gostaria que o senhor desse uma olhada. Precisamos identificar o corpo. Imagino que não seja possível que o sr. Crackenthorpe... Muito esforço?

– Esforço? Tolice. Nunca vai nos perdoar se não der uma espiada. Está louco de vontade. É a coisa mais emocionante que lhe aconteceu nos últimos quinze anos ou mais... E sem gastar um centavo sequer!

– Então ele não anda tão mal de saúde assim?

– Tem 72 anos – disse o doutor. – Esse, na verdade, é o único problema dele. Tem pontadas reumáticas ocasionais... Mas quem não tem? E então alega ter artrite. Tem tremores após as refeições (nada incomum) e diz sofrer do coração. Mas sempre faz o que bem entende! Tenho vários pacientes assim. Em geral, os doentes de verdade teimam que gozam de perfeita saúde. Mas então vamos lá ver o tal cadáver. Desagradável, suponho?

– Segundo estimativas de Johnstone, ela morreu cerca de quinze a 21 dias atrás.

– *Deveras* desagradável.

O doutor chegou ao lado do sarcófago e baixou os olhos com sincera curiosidade, profissionalmente impassível por aquilo que chamara de "desagrado".

– Nunca vi antes. Não foi minha paciente. Não lembro tê-la visto em Brackhampton. Dá para perceber que foi bonita... mmm... Pelo jeito *alguém* não gostava muito dela.

Saíram ao relento outra vez. O doutor Quimper olhou o prédio num relance.

– Encontrado no... como é mesmo que chamam? Celeiro grande... num sarcófago! Fantástico! Quem a encontrou?

– Srta. Lucy Eyelesbarrow.

– Ah, a mais recente ajudante de dona Emma? *O que* ela fazia bisbilhotando em sarcófagos?

– É isso – retorquiu o inspetor Bacon com severidade – que pretendo descobrir. Bem, e quanto ao sr. Crackenthorpe? Vai autorizá-lo a...

– Vou buscá-lo – atalhou o doutor.

O sr. Crackenthorpe, encasacado e envolto em cachecóis, veio caminhando num passo rápido ao lado do doutor.

– Ignomínia! – exclamou. – Absoluta ignomínia! Trouxe o sarcófago de Florença em... deixe-me ver... 1908... ou terá sido 1909?

– Prepare-se agora – alertou o médico. – Não vai ser nada agradável.

– Não importa o quanto estou doente, preciso cumprir meu dever, não?

Uma visita breve ao celeiro grande, entretanto, foi suficiente. O sr. Crackenthorpe saiu ao relento arrastando os pés com celeridade notável.

– Nunca vi mais gorda! – exclamou. – O que significa isso? Infâmia, absoluta infâmia. Não veio de Florença (agora lembro) e sim de Nápoles. Exemplar requintado. E vem uma idiota e deixa-se matar dentro dele!

Pôs a mão no lado esquerdo do peito, entre as dobras do sobretudo.

– É demais para mim... Meu coração... Onde está Emma? Doutor...

O dr. Quimper amparou-o.

– O senhor vai ficar bem – afirmou ele. – Vou lhe receitar um pequeno estimulante. Conhaque.

Os dois rumaram juntos à casa.

– Sir. Por favor, sir.

O inspetor Bacon deu meia-volta. Dois meninos acabavam de chegar, sem fôlego, de bicicleta. Em seus rostos estampava-se uma expressão de ansiosa súplica.

– Por favor, sir! Podemos ver o corpo?

– Podem tirar o cavalinho da chuva – retrucou o inspetor Bacon.

– Ah, sir, *por favor*, sir. Nunca se sabe. Pode ser que a gente saiba quem ela é! Ah, por favor, sir, seja camarada. Não é justo. Acontece um crime bem em nosso celeiro. Tipo de oportunidade que só aparece uma vez na vida. Não seja estraga-prazeres, sir.

– Quem são vocês?

– Sou Alexander Eastley. Este é meu amigo James Stoddard-West.

– Por acaso viram uma loira vestindo casaco claro de pele de esquilo visitando a propriedade?

– Bem, não consigo me lembrar com certeza – disse Alexander com astúcia. – Se eu pudesse dar uma olhada...

– Acompanhe-os, Sanders – disse o inspetor Bacon ao guarda na porta do celeiro. – Só se é criança uma vez!

– Ah, sir, muito obrigado, sir!

Os dois meninos agradeceram com efusão.

– É *muita* bondade sua, sir!

Bacon virou-se em direção à casa.

– E agora – disse consigo em tom severo – vamos ver o que tem a dizer essa tal de Lucy Eyelesbarrow!

III

Depois de conduzir a polícia ao celeiro grande e fazer um conciso relato de suas ações, Lucy fizera questão de sumir de vista, mas tinha certeza de que a polícia voltaria a procurá-la.

Recém havia terminado de cortar as batatas para fritá-las para o jantar quando chegou a notícia de que o inspetor Bacon convocava sua presença. Pondo de lado a grande bacia de água fria e salgada em que as batatinhas repousavam, Lucy acompanhou o policial aonde o inspetor a aguardava. Sentou-se e esperou as perguntas, serena.

Deu nome e endereço em Londres e acrescentou por conta própria:

– Vou dar alguns nomes e endereços como referência, caso o senhor queira saber tudo sobre mim.

Forneceu nomes de peso. Um grão-almirante de esquadra, o diretor de uma faculdade de Oxford e uma baronesa do império britânico. O inspetor Bacon não pôde deixar de se impressionar.

– Muito bem, a senhorita foi até o celeiro procurar uma lata de tinta. Confirma? Após achar a tinta, pegou um pé de cabra, forçou a tampa do sarcófago e encontrou o cadáver. O que procurava no sarcófago?

– Um cadáver – respondeu Lucy.

– Procurava um cadáver... e encontrou! Não parece incrível demais?

– Ah, sim, é incrível. Talvez me permita explicar.

– É o melhor que tem a fazer.

Lucy fez uma exposição precisa dos fatos que haviam levado à impressionante descoberta.

O inspetor resumiu tudo numa voz injuriada.

– Quer me convencer que foi contratada por uma senhora idosa para conseguir emprego aqui, a fim de vasculhar a casa e a propriedade em busca de *um cadáver*? É isso mesmo?

– Sim.

– Que idosa é essa?

– Miss Jane Marple. No momento, hospedada na Madison Road, número 4.

O inspetor tomou nota.

– E a senhorita espera que eu acredite nessa história?

Lucy disse com a voz suave:

– Talvez não, até que o senhor tenha conversado com Miss Marple e confirmado tudo com ela.

– Uma coisa de cada vez. Ela não deve regular bem.

Lucy evitou frisar que levantar uma hipótese correta não era bem exatamente prova de inaptidão mental. Preferiu dizer:

– O que o senhor pretende dizer à srta. Crackenthorpe sobre *mim*?

– Por que essa pergunta?

– Bem, quanto a Miss Marple, *cumpri* minha missão. Achei o corpo que ela queria. Mas continuo contratada pela srta. Crackenthorpe. Há dois meninos famintos na casa, e é provável que outros familiares apareçam após toda essa confusão. Ela vai precisar de minha ajuda. Se o senhor contar para ela que eu assumi o cargo com o único objetivo de procurar cadáveres, com quase toda a certeza ela vai me despedir. Mas se não contar, posso ser útil e continuar meu trabalho.

– Não vou contar nada a *ninguém*, por enquanto – respondeu o inspetor encarando fixamente Lucy. – Ainda não confirmei seu depoimento. Pode ser tudo invenção sua.

Lucy ergueu-se.

– Obrigada. Então vou retornar à cozinha e fazer o jantar.

CAPÍTULO 7

I

– Pensa que é melhor chamar a Scotland Yard, não é, Bacon?

O delegado fitou o inspetor Bacon de modo indagador. Corpulento, de olhar impassível, Bacon parecia ter perdido a crença na humanidade.

– A mulher não é daqui, sir – argumentou. – Temos razões para acreditar, devido às roupas íntimas, que seja estrangeira. Claro – acrescentou o inspetor Bacon com rapidez –, por enquanto isso é segredo. Não vamos revelar nada até o final do inquérito.

O delegado assentiu.

– O inquérito será apenas formalidade, imagino.

– Sim, senhor. Falei com o juiz investigador de mortes suspeitas.

– E para quando foi marcado?

– Amanhã. Os outros Crackenthorpe foram convocados. Há a possibilidade de que *alguém* a reconheça. Todos vão estar aqui.

Consultou a lista que segurava.

– Harold Crackenthorpe... trabalha no centro financeiro londrino... sujeito importante, ao que consta. Alfred... ninguém sabe direito o que ele faz. Cedric... é o tal que mora no estrangeiro. Metido a pintor!

O inspetor revestiu a frase com a cota plena de significância maléfica. O delegado sorriu, cofiando o bigode.

– Nenhum motivo para acreditar que a família Crackenthorpe esteja conectada ao crime de alguma forma? – quis saber o delegado.

– Nenhum além do fato de que o corpo foi encontrado na propriedade – ponderou o inspetor Bacon. – Mas claro, é bem possível que o artista da família consiga fazer a identificação. O que me deixa impressionado é toda essa fantástica conversa fiada sobre trens.

– Ah, sim. Falou com a velhota, a tal... – relanceou os olhos ao memorando sobre a escrivaninha – Miss Marple?

– Sim, sir. Obstinada e categórica em todos os detalhes. Pode ser doida, mas conta sempre a mesma história... O que a amiga viu e tudo o mais. Até certo ponto, eu diria que é tudo faz de conta... O tipo de coisa que as velhinhas inventam... Discos voadores no quintal e espiões russos na biblioteca. Mas não há dúvida de que ela *realmente* contratou essa moça, a garota faz-tudo, com o intuito de procurar um cadáver... E ela procurou.

– *E encontrou* – observou o delegado. – Que história extraordinária! Marple, Miss Jane Marple... esse nome não me é estranho... De qualquer forma, vou trocar informações com a Yard. Acho que você está certo. Não é um caso local... Mas é melhor não alardear esse detalhe por enquanto. Recomendo contato mínimo com a imprensa.

II

O inquérito não passou de mera formalidade. Ninguém declarou conhecer a morta. Lucy foi chamada para confirmar que encontrou o corpo. O médico legista apresentou provas sobre a causa da morte – estrangulamento. Então, os procedimentos legais foram suspensos.

Ao sair do tribunal onde ocorrera o inquérito, a família Crackenthorpe deparou-se com um dia frio e ventoso, ameaçando tempestade. Estavam em cinco: Emma, Cedric, Harold, Alfred e Bryan Eastley, o marido de Edith, a falecida. Junto com eles estava o sr. Wimborne, sócio sênior da empresa de advocacia que atendia os negócios dos Crackenthorpe. Mesmo não sendo oportuno, fizera questão de vir especialmente de Londres para comparecer ao inquérito. Todos permaneceram por um minuto na calçada, tiritando. Uma verdadeira multidão comparecera; a cobertura sobre os detalhes inusitados do "cadáver no sarcófago" havia sido completa na imprensa londrina e local.

Ouviu-se um burburinho:

– São eles...

Emma disse, incisiva:

– Vamos embora.

O Daimler alugado estacionou ao lado da calçada. Emma entrou e acenou a Lucy. O sr. Wimborne, Cedric e Harold a seguiram. Bryan Eastley disse:

– Alfred vai comigo.

O chofer fechou a porta e o Daimler preparou-se para partir.

– Ah, pare! – gritou Emma. – Lá estão os meninos!

Os meninos tinham ficado em Rutherford Hall sob indignados protestos, mas agora surgiram, sorrindo de orelha a orelha.

– Viemos de bicicleta – explicou Stoddard-West. – O policial foi muito gentil. Deixou a gente entrar e assistir do fundo do tribunal. Espero que não leve a mal, srta. Crackenthorpe – acrescentou, com polidez.

– Ela não se importa – rebateu Cedric, respondendo pela irmã. – Somos jovens só uma vez. Gostaram do inquérito?

– Uma decepção – avaliou Alexander. – Acabou muito rápido.

– Não podemos ficar aqui conversando – argumentou

Harold, irritado. – Tem muita gente aqui fora. E uma multidão de fotógrafos.

A seu sinal, o motorista girou o volante e afastou o veículo da calçada. Os meninos abanaram as mãos alegremente.

– Acabou muito rápido! – exclamou Cedric. – Isso é o que *eles* pensam! Os inocentes... Está apenas começando.

– Que azar. Azar *danado* – vaticinou Harold. – Imagino que...

Mirou o sr. Wimborne, que contraiu os lábios finos e balançou a cabeça com fastio.

– Tenho esperança – asseverou – de que tudo venha a ser esclarecido logo e de modo satisfatório. A polícia é muito eficiente. Mas a coisa toda, como diz Harold, foi um grande azar.

E fitou Lucy com clara desaprovação, como quem diz: "Se essa moça não tivesse metido o nariz onde não era chamada, nada disso teria acontecido".

Isso ou algo semelhante foi verbalizado por Harold Crackenthorpe.

– A propósito, srta... hum... Eyelesbarrow, pode nos explicar *por que cargas d'água* resolveu espiar o interior daquele sarcófago?

Lucy estava curiosa por saber quando esse pensamento ocorreria a alguém da família. Sabia que seria a primeira coisa que a polícia ia perguntar; estava surpresa pensando que a pergunta óbvia não ocorrera a mais ninguém até aquele momento.

Cedric, Emma, Harold e o sr. Wimborne, todos a miraram.

A resposta, relevante ou não, estava preparada há um bom tempo:

– Na verdade... – começou, em voz titubeante. – Mal sei justificar... *Notei* que o lugar precisava de uma boa faxina. E tinha – hesitou por um instante – um cheiro estranho e desagradável no ar...

Calculara com acerto a imediata retração de todos por conta daquela ideia desagradável...

O sr. Wimborne murmurou:

– Sim, sim, é claro... cerca de três semanas, disse o médico da polícia... Sabe o que acho? Devemos todos nos esforçar e pensar em outra coisa, e não ficarmos *obcecados* com isso.

Sorriu encorajador em direção a Emma, que empalidecera.

– Lembrem-se – afirmou –, essa infeliz não tinha nada a ver *conosco.*

– Mas o senhor não pode ter certeza disso, não é? – indagou Cedric.

Lucy Eyelesbarrow encarou-o com certo interesse. Já estava intrigada com diferenças tão desconcertantes entre três irmãos. Cedric tinha porte vigoroso, tez queimada, cabelos castanhos desgrenhados e modos divertidos. Chegara do aeroporto com a barba por fazer e, embora tivesse se barbeado antes de ir ao inquérito, continuava vestindo as roupas com que chegara e que pareciam ser as únicas que trouxera: uma calça surrada de flanela cinza e uma jaqueta folgada, bastante puída e remendada. Parecia levar a vida na boêmia, com muito orgulho.

O irmão Harold, ao contrário, era o protótipo do engravatado urbano, diretor de empresa importante. Alto, postura esmerada, cabelo escuro com discretas entradas e bigodinho preto. Usava terno escuro impecável, de ótimo talhe, e gravata cinza-pérola. Parecia o que realmente era: um astucioso e bem-sucedido homem de negócios.

Ele disse, severo:

– Ora, Cedric, perdeu uma oportunidade de ficar calado.

– Não sei por quê. Afinal de contas, ela estava em nosso celeiro. Por que motivo?

O sr. Wimborne tossiu e falou:

– Talvez um... ahn... encontro marcado. Pelo que me disseram, todos os moradores da região sabem que a chave fica pendurada no prego.

Sua inflexão indicava afronta com o desleixo desse procedimento. A crítica ficou tão evidente que Emma falou em tom de desculpa.

– Começou na guerra, com os integrantes da A.R.P. Wardens.* Usavam o fogareiro a álcool que havia ali para fazer chocolate quente. Depois, já que não havia nada que alguém quisesse levar, continuamos a pendurar a chave. Era cômodo para a turma do Instituto Feminino. Se a chave ficasse em casa poderia haver desencontro... Elas podiam chegar para arrumar o local e não ter ninguém em casa para entregar a chave. Só com diaristas e nenhum empregado morando na casa...

Sua voz foi se tornando cada vez mais baixa. Dera uma explicação mecânica e prolixa, sem qualquer interesse, como se estivesse pensando noutra coisa.

Cedric mirou a irmã com um olhar ligeiro e perplexo.

– Está preocupada, maninha. O que está havendo?

Harold falou, exasperado:

– Qual é, Cedric? E precisa perguntar?

– Preciso. Tudo bem, uma desconhecida foi morta no celeiro de Rutherford Hall (mais parece melodrama vitoriano!). É natural que Emma tenha ficado chocada (ela sempre teve a cabeça no lugar). Mas não vejo por que *continua* preocupada. Ora, já devia ter se acostumado com a ideia.

– Acostumar-se com a ideia de um assassinato pode não ser tão simples para certas pessoas como é para você – retorquiu Harold com acidez. – Aposto que em Mallorca assassinatos são insignificantes...

– Mallorca não: Ibiza.

---

* Organização dedicada à proteção de civis contra ataques aéreos no prelúdio da Segunda Guerra Mundial. (N.E.)

– É a mesma coisa.

– Não é, não. São ilhas completamente distintas.

Harold continuou a argumentar:

– Explico melhor. O crime pode ser banal para *você*, que mora no meio do povo latino, de sangue quente. Mas aqui na Inglaterra levamos a sério essas coisas.

E emendou com irritação crescente:

– E convenhamos, Cedric, comparecer a um inquérito público com essas roupas...

– O que minhas roupas têm de errado? São confortáveis.

– São inadequadas.

– Seja como for, são as únicas roupas de que disponho. Quando fiquei sabendo desse negócio, me apressei para vir para casa e encontrar a família. Não tive tempo de arrumar a mala. Artistas gostam de roupas confortáveis.

– Então ainda não desistiu de pintar?

– Olhe aqui, Harold, não gosto do jeito que...

O sr. Wimborne pigarreou de modo peremptório.

– Essa discussão não vai levar a nada – censurou. – Diga-me, querida Emma, há algo mais que eu possa fazer antes de retornar à capital?

A censura deu resultado. Emma Crackenthorpe respondeu sem demora:

– Foi muita bondade sua ter vindo.

– Não fiz mais do que a obrigação. Era recomendável um representante legal comparecer ao inquérito e acompanhar os procedimentos em nome da família. Já marquei uma reunião com o inspetor na casa. Não tenho dúvidas, por mais penoso que esteja sendo, de que a situação logo vai se esclarecer. A meu ver, o que aconteceu é óbvio. Como Emma contou, todos na vila sabiam que a chave do celeiro ficava pendurada na porta. É bem provável que o celeiro fosse usado no inverno por casais da região como local de encontros amorosos. Sem dúvida houve briga e alguém perdeu o controle. Horrorizado com o que fez, viu o sarcófago e percebeu que seria um ótimo lugar para esconder o corpo.

Lucy pensou consigo mesma: "Sim, é mesmo plausível. É bem o que as pessoas podem ser levadas a pensar."

Cedric objetou:

– Casal da região? Por que então nenhum habitante local foi capaz de identificar a moça?

– Faz poucos dias. Logo alguém vai identificá-la. E claro, é possível que o *homem* fosse daqui, mas a moça de fora, talvez de outra região de Brackhampton. Este lugar cresceu bastante nos últimos vinte anos...

– Se eu fosse uma garota indo me encontrar com meu namorado, não ia gostar de ser levada a um gélido celeiro onde o diabo perdeu as botas – objetou Cedric. – Melhor um chamego no escurinho do cinema. Não concorda, srta. Eyelesbarrow?

– Que tal mudarmos de assunto? – interpelou Harold, queixoso.

A pergunta ficou sem resposta, pois naquele instante o carro estacionou na entrada principal de Rutherford Hall, e todos saíram.

Capítulo 8

I

Ao entrar na biblioteca, o sr. Wimborne piscou de leve os olhos velhos e penetrantes ao ver o inspetor Bacon, a quem já conhecia, na companhia de um loiro bem-apessoado.

O inspetor Bacon encarregou-se das apresentações.

– Este é o inspetor-detetive Craddock, da New Scotland Yard.

– New Scotland Yard... hum... – respondeu o sr. Wimborne, erguendo as sobrancelhas.

Dermot Craddock, em tom agradável, logo entabulou conversa.

– Fomos convidados a colaborar no caso, sr. Wimborne – iniciou. – Como o senhor representa a família Crackenthorpe, é nosso dever compartilhar uma informaçãozinha confidencial.

Quando o assunto era apresentar uma diminuta porção da verdade dando a impressão de ser a verdade inteira, o inspetor Craddock era imbatível.

– O inspetor Bacon vai concordar, tenho certeza – acrescentou, mirando o colega de relance.

Bacon assentiu com a devida solenidade, sem deixar transparecer que tudo havia sido combinado.

– O negócio é o seguinte – disse Craddock. – Temos razões para acreditar, por conta de informações que chegaram a nosso poder, de que a morta não é natural desta região. Ela viajou até aqui de Londres, recém-chegada do estrangeiro. Tudo indica (não temos certeza quanto a este detalhe) que da França.

O sr. Wimborne ergueu as sobrancelhas outra vez.

– É mesmo? – perguntou ele. – É mesmo?

– Por isso – explicou o inspetor Bacon – o delegado achou mais apropriado chamar a Yard para investigar o caso.

– Desejo apenas – disse o sr. Wimborne – que o caso seja solucionado com rapidez. Como os senhores podem avaliar, essa história tem gerado estresse para toda a família. Mesmo não tendo qualquer envolvimento *pessoal*...

Hesitou por um segundo apenas, mas o suficiente para o inspetor Craddock aproveitar a oportunidade:

– Não é nada agradável encontrar uma pessoa morta em sua propriedade? Concordo plenamente com o senhor. Mas eu gostaria de ter uma breve conversa com os vários membros da família...

– Realmente não vejo como...

– Eles possam me ajudar? Nada relevante, talvez... Mas nunca se sabe. Arrisco dizer que o senhor mesmo pode me fornecer a maioria das informações. Sobre a casa e a família.

– E que diabos isso pode ter a ver com uma desconhecida vinda do estrangeiro para ser assassinada aqui?

– Bem, o ponto é justamente esse – disse Craddock. – *Por que* ela veio para cá? Tinha alguma conexão com a casa? Trabalhou aqui como empregada? Como camareira, talvez? Ou veio se encontrar com um antigo morador de Rutherford Hall?

O sr. Wimborne retrucou com frieza que Rutherford Hall sempre fora habitada pelos Crackenthorpe desde que Josiah Crackenthorpe a construíra, em 1884.

– O assunto é interessante por si só – incentivou Craddock. – Se o senhor pudesse fazer um resumo sucinto da história familiar...

O sr. Wimborne deu de ombros.

– Há pouco a dizer. Josiah Crackenthorpe fabricava guloseimas saborosas: biscoitos, doces, conservas etc. Acumulou imensa fortuna. Construiu a casa hoje habitada por Luther, o filho mais velho.

– Outros filhos?

– O outro filho, Henry, morreu num acidente automobilístico em 1911.

– E o atual sr. Crackenthorpe nunca cogitou vender a casa?

– Nem se quisesse poderia – informou o advogado lacônico. – É o que diz o testamento paterno.

– Não quer nos contar mais sobre o testamento?

– Não vejo motivo para isso.

O inspetor Craddock sorriu.

– Porque se eu quiser posso olhar em Somerset House.*

O sr. Wimborne deu um sorrisinho mal-humorado e respondeu a contragosto:

– Tem razão, inspetor. Mas que fique registrado que considero irrelevantes as informações solicitadas. Quanto ao testamento de Josiah Crackenthorpe, mistério nenhum. Deixou a substancial fortuna sob fideicomisso, com rendimentos vitalícios ao filho Luther. Após a morte de Luther, o capital deve ser dividido em partes iguais entre os filhos de Luther: Edmund, Cedric, Harold, Alfred, Emma e Edith. Edmund morreu na guerra. Edith faleceu há quatro anos. Assim, com a morte de Luther Crackenthorpe, o dinheiro será dividido entre Cedric, Harold, Alfred, Emma e o filho de Edith, Alexander Eastley.

– E a casa?

– Fica para o filho vivo mais velho de Luther Crackenthorp ou seus descendentes.

– Edmund era casado?

---

* Prédio governamental onde eram guardados certidões e outros documentos. (N.E.)

– Não.

– Então a propriedade será herdada...?

– Pelo segundo filho. Cedric.

– O sr. Luther Crackenthorpe não pode vender?

– Não.

– E não tem controle do capital.

– Não.

– Não é estranho? Pelo jeito – concluiu o inspetor Craddock –, o pai não gostava muito dele.

– Acertou – disse o sr. Wimborne. – O velho Josiah estava decepcionado porque o primogênito não demonstrava interesse nos negócios da família... nem em qualquer outro tipo de negócio. Luther gastava o tempo viajando ao exterior e colecionando *objets d'art*. Isso desagradava ao velho Josiah. Então deixou o dinheiro sob custódia até a geração seguinte.

– Mas nesse meio-tempo a geração seguinte não tem renda, exceto o que eles ganham ou o que o pai lhes cede. E o pai deles tem uma renda considerável, mas nenhum poder sobre o capital.

– Isso mesmo. Só não consigo imaginar o que tudo isso tem a ver com o assassinato de uma estrangeira desconhecida!

– Parece que nada – apressou-se em concordar o inspetor Craddock. – Só quero averiguar tudo.

O sr. Wimborne encarou-o de modo incisivo. Então, aparentemente satisfeito com o resultado do escrutínio, ergueu-se.

– Estou voltando a Londres – comunicou. – A menos que os senhores queiram saber mais alguma coisa.

Correu o olhar de um a outro interlocutor.

– Não, obrigado, sir.

O gongo soou fortíssimo no hall.

– Puxa – disse o sr. Wimborne. – Um dos garotos, imagino, deve estar em ação.

O inspetor Craddock ergueu a voz, para ser escutado apesar do barulho, e disse:

– Vamos deixar a família almoçar em paz, mas o inspetor Bacon e eu gostaríamos de retornar à tarde, pouco depois das duas, para ter uma palavrinha com cada membro da família.

– Acha necessário?

– Bem... – Craddock encolheu os ombros. – É uma chance remota. *Alguém* pode se lembrar de algo que sirva de pista para desvendarmos a identidade da mulher.

– Duvido, inspetor. Duvido muito. Mas lhe desejo boa sorte. Quanto antes esse assunto desagradável for elucidado, melhor para todos.

Balançando a cabeça, retirou-se da sala devagar.

II

Ao voltar da instauração do inquérito, Lucy havia ido direto à cozinha. Estava ocupada preparando o almoço quando Bryan Eastley enfiou a cabeça no recinto.

– Quer ajuda? – indagou. – Tenho jeito nas lides domésticas.

Lucy lançou-lhe um olhar ligeiro e um tanto apreensivo. Bryan chegara direto para o inquérito em seu pequeno M. G.*, e ela não tivera muito tempo para formar opinião a respeito dele.

Agradável aos olhos. Trinta e poucos anos, cabelos castanhos, jeito simpático, tristonhos olhos azuis e denso bigode claro.

– Os garotos não chegaram ainda – disse ele, entrando e se abancando em cima da ponta da mesa. – Vão demorar mais uns vinte minutos de bicicleta.

Lucy sorriu.

* Morris Garages, marca britânica de carro esportivo criada em 1924. (N.T.)

– Estavam decididos a não perder nada mesmo!

– Não dá para condená-los. Quero dizer... o primeiro inquérito a gente nunca esquece... E bem no seio familiar, como se diz.

– Pode sair de cima da mesa, sr. Eastley? Quero colocar a travessa aí.

Bryan obedeceu.

– Puxa, a gordura está fervendo. O que vai pôr aí dentro?

– Pudim Yorkshire.

– O bom e velho Yorkshire. Rosbife à velha Inglaterra, é esse o cardápio?

– Sim.

– As carnes assadas do funeral... O cheirinho está bom. – Farejou com aprovação. – Minha conversa mole atrapalha?

– Se veio para ajudar, prefiro que ajude.

Tirou outra panela do forno.

– Aqui... Revolva as batatas para tostarem do outro lado...

Bryan obedeceu com vivacidade.

– Deixou tudo isso crepitando enquanto estávamos no inquérito? É incrível não terem torrado.

– Impossível. O forno tem regulagem de temperatura.

– Uma espécie de cérebro elétrico, não é? Certo?

Lucy relanceou os olhos na direção dele.

– Certíssimo. Agora ponha a panela no forno. Aqui, pegue o pano. No compartimento de baixo... Em cima vai o pudim Yorkshire.

Bryan obedeceu, não sem soltar um guincho agudo.

– Se queimou?

– Só um pouquinho. Não foi nada. Cozinhar é uma brincadeira bem perigosa!

– Então nunca faz sua própria comida?

– Para falar a verdade, faço... volta e meia. Mas não um cardápio chique como este. Sei fazer ovo cozido... com a ajuda do relógio. E ovos fritos com bacon. Sei colocar um bife na grelha e abrir uma lata de sopa. Tenho um daqueles fogãozinhos elétricos em meu apartamento.

– Vive em Londres?

– Se essa é a ideia que você tem de viver... sim.

Seu tom era de desalento. Assistiu a Lucy dispor a massa do pudim Yorkshire na travessa.

– É uma tremenda diversão – suspirou Bryan.

Com tudo encaminhado, Lucy pôde prestar mais atenção nele.

– O quê... Esta cozinha?

– Sim. Lembra a cozinha lá de casa... Quando eu era menino.

Lucy ficou com a impressão de que Bryan Eastley escondia uma estranha aflição. Olhando melhor, percebeu que era mais velho do que pensara a princípio. Devia estar perto dos quarenta. Difícil pensar nele como o pai de Alexander. Parecia um daqueles inúmeros jovens pilotos que ela conhecera durante a guerra, aos sugestionáveis catorze anos de idade. Ela evoluíra e crescera num mundo pós-guerra... Mas tinha a impressão de que Bryan estagnara. Os anos passaram sem afetá-lo. Suas palavras seguintes confirmaram isso. Ele sentara outra vez em cima da mesa.

– Mundinho difícil, o nosso – comentou. – Não concorda? Até entrarmos nos eixos, me refiro. Ninguém nos treina para isso.

Lucy lembrou o que Emma havia contado.

– Foi piloto na guerra, não? – indagou ela. – Recebeu a Cruz por Valentia em Combates Aéreos.

– Tipo da coisa que não contribui em nada. Você ganha uma condecoração, e então o pessoal começa a te paparicar. Oferecem emprego e tudo o mais. Muito edificante. Mas tudo cargo administrativo. Não tenho jeito para isso. Ficar sentado na mesa lidando com cifras. Tenho ideias próprias, sabe. Tentei emplacar um ou dois projetos. Mas não é fácil sem apoio. Ninguém aparece para financiar. Se eu tivesse um pouco de capital...

Calou-se, pensativo.

– Não conheceu Edie, não é? Minha mulher. É claro que não. Bem diferente desta turminha toda. Para começar, bem mais nova. Servia no esquadrão feminino da Força Aérea. Sempre dizia que o pai dela era maluco. E é mesmo. É avarento. Mas o dinheiro ele não vai levar para cova. Será dividido. Claro, a parte de Edie fica para Alexander. Mas ele só vai botar a mão no capital ao completar 21 anos.

– Me desculpe, mas poderia sair da mesa de novo? Quero tirar a comida do forno e fazer o molho.

Naquele instante, Alexander e Stoddard-West chegaram, com as faces rosadas e um tanto sem fôlego.

– Olá, Bryan – disse Alexander carinhosamente ao pai. – Então era aqui que você estava. Puxa, que belo naco de carne! Vai ter pudim Yorkshire?

– Sim, vai.

– Na escola, o pudim Yorkshire é horrível... Flácido e melequento.

– Com licença – pediu Lucy. – Quero fazer o molho.

– Faça bastante molho. Pode encher duas molheiras?

– Sim.

– Ma-ra-vi-lha! – exclamou Stoddard-West, pronunciando a palavra com esmero.

– Não gosto de molho sem cor – disse Alexander, ansioso.

– Terá cor.

– É uma cozinheira sensacional! – elogiou Alexander, dirigindo-se ao pai.

Lucy teve a impressão momentânea de que os dois tinham trocado de papéis. Alexander falou como um atencioso pai fala com o filho.

– Quer ajuda, srta. Eyelesbarrow? – indagou Stoddard-West com educação.

– Sim. Alexander, vá tocar o gongo. James, quer carregar esta bandeja até a sala de jantar? Sr. Eastley, pode levar o rosbife? Eu levo as batatas e o pudim Yorkshire.

– Tem um cara da Scotland Yard aqui – avisou Alexander. – Acha que ele vai almoçar conosco?

– Depende do que a sua tia estipular.

– Não creio que a tia Emma se importe... Ela é muito boa anfitriã. Mas acho que o tio Harold não ia gostar nem um pouco. Este crime o deixou com os nervos à flor da pele.

Alexander saiu da cozinha com a bandeja e acrescentou uma informação por cima do ombro:

– O sr. Wimborne está na biblioteca com o cara da Scotland Yard. Mas não vai ficar para o almoço. Disse que precisa retornar a Londres. Vamos, Stodders. Ah, ele foi bater o gongo.

Então o gongo assumiu o comando. Stoddard-West era um artista. Abusou do talento, e toda e qualquer conversa foi inibida.

Bryan carregou o rosbife, Lucy o seguiu com as batatas – retornando à cozinha para pegar as duas molheiras transbordantes.

O sr. Wimborne vestia as luvas no hall quando Emma desceu a escada, célere.

– Tem certeza de que não quer almoçar, sr. Wimborne? Estamos servindo agora.

– Não posso, tenho um compromisso importante em Londres. O trem tem vagão-restaurante.

– Foi muita gentileza sua ter vindo – agradeceu Emma.

Os dois policiais saíram da biblioteca.

O sr. Wimborne tomou Emma pela mão.

– Não se preocupe, querida – disse ele. – Este é o inspetor-detetive Craddock, da New Scotland Yard. Veio tomar conta do caso. Vai retornar às duas e quinze e indagar sobre quaisquer fatos que possam ajudá-lo na investigação. Mas, como disse, não há motivo para se preocupar. – Mirou Craddock. – Posso repetir à srta. Crackenthorpe o que o senhor me disse?

– Claro, sir.

– O inspetor Craddock acabou de me dizer que este assassinato com quase certeza não foi um crime local. Parece que a mulher morta vinha de Londres e provavelmente era estrangeira.

Emma Crackenthorpe disse bruscamente:

– Estrangeira... Francesa?

A intenção clara do sr. Wimborne era de consolo. O comentário de Emma o deixou levemente surpreso. O olhar de Dermot Craddock correu rápido do rosto dele ao dela.

Ficou pensando com seus botões... Por que ela concluíra que a vítima era francesa? E por que esse pensamento a incomodou tanto?

Capítulo 9

I

As únicas pessoas que realmente fizeram justiça ao esplêndido almoço de Lucy foram os dois meninos e Cedric Crackenthorpe. O artista não parecia nem um pouco afetado pelas circunstâncias que o obrigaram a vir à Inglaterra. Passava até mesmo a impressão de achar tudo uma excelente piada macabra.

Harold, observou Lucy, não engolia esse comportamento. Harold considerava o crime uma espécie de insulto pessoal à família Crackenthorpe, e a sensação de afronta era tão grande que mal tocou na comida. Emma, preocupada e triste, também comeu pouco. Com o pensamento longe, Alfred falou o mínimo necessário. Era um moreno bonito, com o rosto fino e olhos mais juntos do que o normal.

Depois do almoço, os policiais retornaram e com polidez indagaram se podiam ter uma breve conversa com o sr. Cedric Crackenthorpe.

Simpático e cordial, o inspetor Craddock tomou a palavra:

– Sente-se, sr. Crackenthorpe. Então chegou há pouco das ilhas Baleares? Mora lá?

– Há seis anos. Em Ibiza. Tem mais a ver comigo do que esse país sombrio.

– Pega bem mais sol do que nós, aposto – comentou o inspetor Craddock em tom aprazível. – Visitou a família não faz muito tempo, não é? No Natal, para ser mais exato. Por que razão voltou tão depressa?

Cedric deu um sorrisinho irônico.

– Recebi um telegrama de Emma... a minha irmã. É a primeira vez que acontece um crime em nossa propriedade. Não queria perder nada... Então vim logo.

– Tem interesse em criminologia?

– Ah, não precisa falar em termos tão intelectuais! Apenas gosto de crimes... Romances policiais e coisas do tipo! E aparece um mistério bem em nossa porta. É uma chance imperdível. Além disso, achei que a pobrezinha da Em podia estar precisando de ajuda... Administrar o velho, a polícia e tudo o mais.

– Sei. Veio atraído por instintos esportivos e sentimentos familiares. Tenho certeza de que sua irmã vai ficar muito agradecida... Mesmo que os outros dois irmãos também tenham vindo para ficar com ela.

– Mas não para encorajar e animar – retrucou Cedric. – Harold está incrivelmente ofendido. Magnatas do centro financeiro não gostam de se envolver com assassinatos de fêmeas suspeitas.

As sobrancelhas de Craddock ergueram-se suavemente.

– Ela era... suspeita?

– Bem, os especialistas nisso são vocês. Analisando os fatos, me parece provável.

– É capaz de dar um palpite sobre quem ela era?

– O que é isso, inspetor! Já deve saber que eu não consegui identificá-la... Pergunte a seus colegas.

– Eu disse um palpite, sr. Crackenthorpe. Mesmo sem ter *visto* a mulher antes... pode dar um palpite sobre quem ela era... ou sobre quem ela podia ser?

Cedric meneou a cabeça.

– Está perdendo tempo comigo. Não tenho a mínima ideia. Pelo que estou entendendo, você está insinuando que ela veio para se encontrar com um de nós no celeiro. Mas não moramos aqui. As únicas pessoas que moram na casa são a minha irmã e o velho. Não pensa seriamente que a mulher veio até aqui para se encontrar com meu respeitável pai?

– O que queremos dizer (o inspetor Bacon compartilha dessa opinião) é que a mulher pode ter algum vínculo com esta casa. Pode ter sido há um bom tempo. Tente se lembrar, sr. Crackenthorpe.

Cedric meditou por um minuto e então balançou a cabeça.

– Tivemos empregados estrangeiros em certas épocas, como a maioria das pessoas, mas não consigo pensar em nada provável. É melhor perguntar aos outros... Sabem mais do que eu.

– Faremos isso, é claro.

Craddock recostou-se na cadeira e prosseguiu:

– Como o senhor escutou no inquérito, as provas médicas não conseguiram determinar com precisão a data da morte. Mais de duas semanas, menos de quatro... Vem a ser algo perto do Natal. O senhor afirma que passou o Natal aqui. Quando chegou à Inglaterra e quando retornou?

Cedric refletiu.

– Deixe-me ver... Vim de avião. Cheguei no sábado antes do Natal... dia 21.

– Veio direto de Mallorca?

– Sim. Parti às cinco da manhã e ao meio-dia já estava aqui.

– E voltou?

– Na sexta-feira seguinte, dia 27.

– Obrigado.

Cedric sorriu de forma afetada.

– Infelizmente, caí bem dentro do período crítico. Mas falando sério, inspetor, estrangular moças *não* é meu passatempo natalino favorito.

– Assim espero, sr. Crackenthorpe.

O inspetor Bacon limitou-se a esboçar uma expressão desaprovadora.

– Uma coisa dessas envolve uma incrível ausência de paz e de boa vontade, não concorda?

Cedric dirigiu a pergunta ao inspetor Bacon, que apenas grunhiu. O inspetor Craddock disse com polidez:

– Bem, obrigado, sr. Crackenthorpe. Por enquanto é só.

– O que acha dele? – indagou Craddock após Cedric fechar a porta atrás de si.

Bacon grunhiu outra vez.

– Arrogância não lhe falta – comentou. – Não dou a mínima para esse tipo de gente. Um bando de desajustados, esses artistas. É bem provável que se metam com mulheres mal-afamadas.

Craddock sorriu.

– Também não gosto do jeito que ele se veste – continuou Bacon. – Falta de respeito, ir a um inquérito assim. Há tempos não via calças tão imundas. Prestou atenção na gravata colorida? Parecia de tricô. Sabe, ele é o tipo de gente que não pensaria duas vezes para estrangular mulheres.

– Bem, essa ele não estrangulou... Se é que ele não deixou Mallorca antes do dia 21. Será fácil checar isso.

Bacon relanceou um olhar mordaz a Craddock.

– Notei que não está abrindo o jogo sobre a data certa do crime.

– É verdade. Por enquanto vamos deixar isso obscuro. No começo das investigações sempre gosto de guardar uma carta na manga.

Bacon assentiu com a cabeça.

– Revelar quando menos esperam – concordou ele. – É o melhor plano.

– E agora – disse Craddock – vamos ver o que nosso financista certinho tem a dizer sobre isso tudo.

Harold Crackenthorpe e seus lábios finos pouco tinham a declarar. Um incômodo... Incidente infeliz...

Temia a exposição nos jornais... Repórteres começavam a pedir entrevista... Todo esse tipo de coisa... Profundamente lamentável...

As frases reticentes de Harold chegaram ao fim. Recostou-se na cadeira com a expressão de quem acaba de sentir um cheiro ruim.

A sindicância do inspetor não surtiu efeito. Não, não imaginava quem era ou podia ser aquela mulher. Sim, estivera sim em Rutherford Hall no Natal. Só chegou a tempo da ceia do dia 24, mas ficou até o fim de semana seguinte.

– Então é isso – concluiu o inspetor Craddock, dando por encerrada a conversa. Já se convencera de que Harold não ajudaria em nada.

Chamou Alfred, que entrou na sala com indiferença um tanto exagerada.

Craddock mirou Alfred Crackenthorpe com a vaga sensação de que o conhecia. Será que vira esse membro da família em outro lugar? Numa foto de jornal, talvez? Havia algo vergonhoso ligado à lembrança. Perguntou a Alfred sua ocupação, e a resposta de Alfred foi imprecisa:

– No momento estou no ramo dos seguros. Não faz muito tempo lancei no mercado um novo tipo de máquina falante. Um negócio revolucionário. Um sucesso, por sinal.

O inspetor Craddock mirou-o com olhar aprovador – não passaria pela cabeça de ninguém que ele avaliava a aparência elegante do terno de Alfred e calculava com acerto tratar-se de um produto barato. As roupas de Cedric eram infames, quase maltrapilhas, mas originalmente de bom talhe e excelente tecido. Agora a elegância barata dizia tudo. Craddock fez as perguntas de rotina. Alfred demonstrou interesse... e até mesmo certo divertimento.

– É uma ideia e tanto, essa de que a mulher trabalhou aqui em alguma época. Não uma camareira; duvido que minha irmã tenha tido algo parecido. Acho que ninguém tem hoje em dia. Mas, é claro, há bastante mão de obra estrangeira se oferecendo por aí. Tivemos polacos... e um ou dois alemães temperamentais. Mas Emma foi categórica: nunca viu a mulher antes. Acho que isso anula sua hipótese, inspetor. Emma tem ótima memória fisionômica. Se a mulher veio de Londres... O que lhe faz pensar que ela veio de Londres, aliás?

Deixou escapar a pergunta de modo bem casual, mas com ansiedade e interesse no olhar.

O inspetor Craddock sorriu e balançou a cabeça.

Alfred o fitou de modo incisivo.

– Não quer falar, não é? Passagem perfurada no bolso do casaco, quem sabe?

– É possível, sr. Crackenthorpe.

– Bem, considerando que ela veio de Londres, talvez o sujeito que ela veio encontrar achasse que o celeiro grande seria um bom lugar para um assassinato discreto. Ele conhece o terreno aqui, é óbvio. Se eu fosse o senhor, estaria procurando por *ele*, inspetor.

– É o que estamos fazendo – respondeu o inspetor Craddock, dando à frase uma inflexão tranquila e segura.

Agradeceu a Alfred e o dispensou. Então disse a Bacon:

– Sabe... Esse sujeito não me é estranho...

O inspetor Bacon sentenciou seu veredicto.

– Sujeito de língua afiada – disse. – Tão afiada que pode acabar se cortando.

II

– Querem mesmo falar comigo? – indagou Bryan Eastley em tom de desculpa, entrando na sala e hesitando ao lado da porta. – Pensando bem, eu nem pertenço à família...

– Vamos ver: o senhor é Bryan Eastley, o marido de Edith Crackenthorpe, falecida há cinco anos?

– Exato.

– Bem, é muita bondade sua, sr. Eastley. Por acaso, sabe de algo que a seu ver possa nos ajudar de alguma forma?

– Bem que eu gostaria, mas não sei. A coisa toda parece muito esquisita, não parece? Vir aqui se encontrar com alguém naquele celeiro velho e ventoso, em pleno inverno. Não faria isso nem amarrado!

– É mesmo desconcertante – concordou o inspetor Craddock.

– É verdade que ela era estrangeira? Pelo menos é o que se tem escutado.

– Esse fato lhe sugere algo?

O inspetor fitou-o mordaz, mas o rosto de Bryan continuou amável e inexpressivo.

– Não, não sugere nada, para ser sincero.

– Talvez ela fosse francesa – disse o inspetor Bacon, com sombria suspeita.

Bryan animou-se um pouco, cofiando o farto bigode loiro. Um pouco de interesse brilhou nos olhos azuis.

– Mesmo? A alegre Paris? – balançou a cabeça. – Isso torna tudo mais improvável ainda, não acha? Vir parar justo aqui no celeiro. Aposto que é o único cadáver no sarcófago da carreira de vocês, não é? Terá sido um desses camaradas com alguma tara... ou complexo? Pensa que é Calígula ou coisa parecida?

O inspetor Craddock não se deu ao trabalho de rebater essa especulação. Em vez disso, indagou como quem não quer nada:

– Ninguém na família tem conexão com a França ou... ou... algum tipo de relacionamento de que o senhor tenha ouvido falar?

Bryan respondeu que a família Crackenthorpe não era uma turminha muito alegre.

– Harold é respeitavelmente casado – explicou. – Com a filha cara de peixe de um nobre empobrecido. Não acho que Alfred se importe muito com mulher... Passa a vida se metendo em negócios escusos e dando com os burros n'água. Eu diria que Cedric deve ter uma penca de *señoritas* espanholas arrastando as asas para o lado dele lá em Ibiza. As mulheres têm uma queda por Cedric. Raramente faz a barba e dá a impressão de que nunca toma banho. Não sei o que as mulheres veem nele, mas pelo jeito veem algo... Não estou ajudando muito, não é?

Bryan mirou os inspetores e sorriu.

– Melhor chamar o jovem Alexander para ajudar. Ele e James Stoddard-West estão lá fora, atrás de alguma pista, com toda a disposição. Aposto que vão encontrar algo.

– Tomara que sim – disse o inspetor Craddock. Então agradeceu a Bryan Eastley e pediu para chamar a srta. Emma Crackenthorpe.

III

O inspetor Craddock prestou mais atenção em Emma Crackenthorpe do que fizera antes. Continuava curioso por decifrar a expressão que surpreendera em seu rosto antes do almoço.

Recatada. Nada burra. Tampouco brilhante. Uma daquelas agradáveis e reconfortantes mulheres que os homens têm a tendência de não valorizar, mas que dominava a arte de transformar uma casa num lar, criando uma atmosfera sossegada de quietude e harmonia. Era assim que ele enxergava Emma Crackenthorpe.

Mulheres assim costumam ser menosprezadas. Por trás da fachada, uma personalidade intensa espera ser reconhecida. Talvez, pensou Craddock, a chave para o mistério da mulher morta no sarcófago estivesse escondida nos recônditos da mente de Emma.

Enquanto esses pensamentos passavam por sua cabeça, Craddock fazia várias perguntas irrelevantes.

– A senhorita deve ter pouco a acrescentar em relação ao que contou ao inspetor Bacon – iniciou. – De modo que não vou incomodá-la com muitas perguntas.

– Fique à vontade. Pergunte o que quiser.

– Como o sr. Wimborne lhe contou, chegamos à conclusão de que a morta não era natural daqui. Isso talvez seja um alívio para vocês... Pelo menos o sr. Wimborne achou que seria... Mas torna o assunto bem mais complicado para nós. Será mais difícil de identificá-la.

– Mas ela não carregava nada... Bolsa? Documentos?

Craddock meneou a cabeça.

– Bolsa nenhuma. E bolsos vazios.

– Não têm ideia do nome dela... de onde veio... nada?

Craddock pensou consigo: "Ela quer saber... está ansiosa para saber quem é a mulher. O que me faz pensar... será que sempre demonstrou isso? Bacon não comentou nada... e ele é observador."

– Não sabemos nada sobre ela – respondeu. – Por isso tínhamos a esperança de que um de vocês pudesse nos ajudar. Tem certeza de que não pode? Mesmo sem reconhecê-la, não tem ideia de quem ela possa ser?

Ele pensou, mas talvez só tivesse imaginado, ter percebido uma brevíssima hesitação antes da resposta.

– Não tenho a mínima ideia – disse ela.

Imperceptivelmente, a atitude do inspetor Craddock alterou-se. Difícil de notar, exceto por uma leve aspereza na voz.

– Quando o sr. Wimborne lhe contou que a mulher era estrangeira, por que a senhorita achou que ela era francesa?

Emma não ficou surpresa. Ergueu de leve as sobrancelhas.

– Achei? Sim, acho que sim. Não sei dizer por quê... exceto que a gente sempre tende a pensar que os estrangeiros *são* franceses até descobrir sua nacionalidade. A maioria dos estrangeiros em nosso país veio da França, não?

– Ah, eu não diria isso, srta. Crackenthorpe. Não hoje em dia. São tantas nacionalidades por aqui: italianos, alemães, austríacos, finlandeses, suecos, noruegueses...

– Sim, suponho que o senhor esteja certo.

– Não há uma razão especial para a senhorita pensar que essa mulher fosse francesa?

Ela não teve pressa de negar. Só pensou um instante e em seguida balançou a cabeça, quase pesarosa.

– Não – respondeu ela. – Acho que não mesmo.

Enfrentou o olhar dele com placidez, sem esquivar-se. Craddock mirou o inspetor Bacon, que se inclinou à frente e mostrou o estojinho laqueado de pó de arroz.

– Reconhece este objeto, srta. Crackenthorpe?

Ela o pegou na mão e examinou.

– Não. Com certeza não é meu.

– Não tem ideia de a quem pertence?

– Não.

– Então não precisamos mais incomodá-la... por enquanto.

– Obrigada.

Deu um breve sorriso, levantou-se e saiu da sala. Outra vez poderia ser só imaginação, mas Craddock teve a impressão de ela ter se retirado com muita pressa, como que um tanto aliviada.

– Acha que ela sabe de algo? – indagou Bacon.

O inspetor Craddock disse com pesar:

– Chega um ponto em que a gente fica inclinado a pensar que todo mundo sabe um pouco mais do que está disposto a contar.

– Em geral, sabem mesmo – disse Bacon com base na profunda experiência. – Apenas – acrescentou – muitas vezes isso não tem relação nenhuma com o problema. Algum caso extraconjugal ou deslize bobo que as pessoas têm medo de que venha a público.

– Sim, sei. Bem, pelo menos...

Mas, seja lá o que o inspetor Craddock estava prestes a dizer, isso nunca foi dito. A porta escancarou-se, e o velho sr. Crackenthorpe entrou arrastando os pés, inconformado.

– É o fim da picada! A Scotland Yard vem de Londres e não tem a cortesia de falar primeiro com o chefe da família! Quem comanda esta casa, gostaria de saber? Pode me responder? Quem comanda esta casa?

– O senhor, é claro – disse Craddock, consolador, levantando-se. – Mas o senhor já havia contado ao inspetor Bacon tudo o que sabia. Além disso, sua saúde não anda bem e não queríamos importuná-lo. O dr. Quimper falou que...

– Concordo... não sou mais tão forte... Mas o dr. Quimper parece uma velha coroca... Ótimo médico, compreende meu caso... Mas tem a tendência de me colocar numa redoma. E é paranoico com relação a comidas. Veio me ver quando passei mal no Natal e me encheu de perguntas. O que comi? Quando? Quem cozinhou? Quem serviu? Muito barulho por nada! Mas mesmo com a saúde precária posso muito bem oferecer toda a ajuda que estiver ao meu alcance. Um assassinato na minha própria casa... Ou pelo menos no meu próprio celeiro! Construção curiosa, aliás. Elisabetana. O arquiteto local discorda, mas não sabe do que está falando. Nem um dia sequer depois de 1580... Mas isso não vem ao caso. O que vocês querem saber? Qual a hipótese atual?

– É muito cedo para levantar hipóteses, sr. Crackenthorpe. Ainda nem descobrimos a identidade da vítima.

– Estrangeira, não é?

– Tudo indica que sim.

– Espiã inimiga?

– Acho improvável.

– Acha... você acha! Essas pessoas estão por todos os lugares. Infiltradas! Por que diacho o Ministério do Interior permite é o que me deixa abismado. Espionando segredos industriais, e é isso que ela estava fazendo. Posso apostar.

– Em Brackhampton?

– Há indústrias por tudo. Uma aqui mesmo nos fundos da propriedade.

Craddock lançou um olhar indagador a Bacon. Ele respondeu:

– Caixas metálicas.

– Como sabem que é isso mesmo que estão fabricando? Não dá para engolir tudo o que esse pessoal diz. Tudo bem: se ela não era espiã, o que pensam que ela era? Pensam que ela andava de história com algum dos meus preciosos filhos? Só pode ser o Alfred. Não o Harold, ele é muito cauteloso. E Cedric nem se digna a morar neste país. Digamos então que ela fosse o rabo de saia de Alfred. Algum namorado violento a seguiu até aqui, pensando que ela ia encontrar-se com Alfred e a eliminou. Que tal?

O inspetor Craddock disse com diplomacia que era uma teoria válida. Mas o sr. Alfred Crackenthorpe, afirmou ele, não reconhecera a moça.

– Puah! Está com medo, é claro! Alfred sempre foi covarde. Mas ele é mentiroso, não se esqueçam. Sempre foi! Mente sem ficar vermelho. Nenhum dos meus filhos deu boa coisa. Bando de abutres! Esperar que eu morra é a verdadeira ocupação deles – soltou um risinho sardônico. – *E* podem esperar sentados. Não vou morrer para favorecer *ninguém*! Bem, se isso é tudo que posso fazer por vocês... Estou cansado. Vou me deitar.

Saiu arrastando os pés outra vez.

– Rabo de saia de Alfred? – indagou Bacon. – Quer saber, o velhote está inventando. – Calou-se, hesitante. – Pessoalmente, acho que Alfred não tem culpa no cartório... Talvez faça lá suas safadezas, mas daí para ser assassino são outros quinhentos. Por outro lado... aquele sujeito da Força Aérea me deixou intrigado.

– Bryan Eastley?

– Sim. Já tive de lidar com camaradas desse tipo. Pode-se dizer que estão à deriva no mundo... Tiveram perigo e emoção muito cedo na vida. Viram a morte de perto. Agora acham a vida sem graça. Sem graça e insatisfatória. De certa forma, é uma injustiça o que fizemos com eles. Mas não sei bem como podemos compensar. Estão aí, com passado e sem futuro, por assim dizer. Pessoas assim não se importam em correr riscos... As pessoas comuns são cautelosas por instinto. A prudência é a melhor moralidade. Mas esses camaradas não têm medo... Cautela é uma palavra ausente em seu dicionário. Se Eastley se envolvesse com alguém e quisesse matá-la... – calou-se e ergueu as mãos, desanimado. – Mas por que ele ia querer matá-la? E se a matasse, por que a esconderia no sarcófago do sogro? Não, para ser sincero, dessa turma ninguém tem nada a ver com o crime. Se tivessem, por que se dariam o trabalho de trazer o cadáver aos fundos da própria casa?

Craddock concordou que isso não fazia sentido.

– Algo mais para fazer aqui?

Craddock disse que não.

Bacon sugeriu voltar a Brackhampton e tomar chá – mas o inspetor Craddock disse que precisava visitar uma velha conhecida.

Capítulo 10

I

Miss Marple aprumou-se na poltrona à frente da estante com cachorrinhos de porcelana e suvenires de Margate, abriu um sorriso aprovador ao inspetor Dermot Craddock e disse:

– Estou tão contente por você ter sido designado para o caso! Eu torcia para isso acontecer.

– Quando recebi sua carta – disse Craddock –, a levei direto ao comissário. Casualmente, ele recém havia recebido um contato do pessoal de Brackhampton nos chamando para o caso. Eles desconfiavam de que não era um crime local. O comissário ficou muito interessado no que eu tinha a dizer sobre a senhora. Pelo que entendi, o meu padrinho já tinha contado suas façanhas.

– O querido Sir Henry – murmurou Miss Marple com afeição.

– Ele me fez contar tudo sobre aquele caso de Little Paddocks. Quer saber o que ele disse depois?

– Por favor, conte-me se não for violação de sigilo.

– Ele disse: "Bem, esse negócio parece uma tolice completa inventada por uma dupla de velhinhas, que, contra todas as probabilidades, provaram estar com a razão. Já que você conhece uma das senhoras, vou lhe escalar para acompanhar o caso." Então, eis-me aqui! E agora, minha querida Miss Marple, qual o próximo passo? Não pense que esta é uma visita oficial. Não trouxe meu pessoal junto. Achei que primeiro devíamos ter uma conversinha informal e ajustar os ponteiros.

Miss Marple abriu um sorriso.

– De uma coisa tenho certeza – disse ela. – As pessoas que conhecem apenas o seu lado profissional nem sonham em como você é afetuoso. E cada vez mais bonito... Não precisa ficar vermelho... Mas o que foi que lhe disseram até agora?

– Acho que tudo. A ocorrência registrada por sua amiga, a sra. McGillicuddy, na delegacia de St. Mary Mead; a confirmação do cobrador do trem e o recado ao chefe da estação em Brackhampton. Todas as investigações necessárias foram realizadas... na ferrovia e na polícia. Mas não há dúvida de que vocês duas superaram todos em esperteza por meio de um fantástico processo de adivinhação.

– Adivinhação? Que *nada* – disse Miss Marple. – Eu tinha uma enorme vantagem. *Conhecia* muito bem Elspeth McGillicuddy. Ninguém mais conhecia. Não havia confirmação óbvia para a história dela. Como não apareceu registro algum de mulher desaparecida, nada mais natural que eles pensassem se tratar apenas de uma idosa imaginando coisas (como idosas costumam fazer). Mas não Elspeth McGillicuddy.

– Não Elspeth McGillicuddy – concordou o inspetor. – Estou ansioso para conhecê-la, sabe. Gostaria que ela não tivesse ido ao Ceilão. A propósito, já estamos providenciando para ela ser interrogada por lá mesmo.

– Meu próprio processo de raciocínio não teve nada de original – disse Miss Marple. – Está tudo em Mark Twain. O menino que achou o cavalo. A única coisa que ele precisou fazer foi imaginar aonde iria caso fosse um cavalo. Foi, e lá estava o cavalo.

– A senhora se colocou na pele de um assassino frio e calculista? – indagou Craddock mirando, pensativo, a fragilidade rosa e branca de Miss Marple. – Puxa, sua mente...

– É um esgoto, como costuma dizer meu sobrinho Raymond – concordou Miss Marple, balançando a cabeça enfaticamente. – Mas sempre respondo: o esgoto é uma utilidade doméstica essencial e, aliás, muito higiênica.

– Que tal ir um pouco além, colocar-se na pele do assassino e me dizer onde ele está agora?

Miss Marple suspirou.

– Bem que eu gostaria. Não tenho ideia... a mínima ideia. Mas deve ser alguém que morou em Rutherford Hall ou conhece tudo sobre o lugar.

– Concordo. Mas isso abre um leque muito amplo. Uma série interminável de diaristas trabalhou lá. As mulheres do Instituto Feminino... Os integrantes da A.R.P. Todos conheciam o celeiro grande, o sarcófago e sabiam onde ficava a chave. O cenário todo é bem conhecido na região. *Qualquer* morador das redondezas poderia ter escolhido o lugar para seus propósitos.

– Sim, é verdade. Entendo *perfeitamente* suas dificuldades.

Craddock disse:

– Não vamos chegar a lugar nenhum enquanto não identificarmos o cadáver.

– E isso também vai ser difícil?

– Vai, sim, mas no fim das contas vamos chegar lá... Estamos checando todos os registros de desaparecimentos de mulheres com essa idade e descrição. Até agora nenhuma das desaparecidas parece se encaixar. O médico legista definiu que a morta tinha em torno de 35 anos, era saudável, provavelmente casada, pelo menos um filho. O casaco de pele compra-se barato nas lojas londrinas. Centenas de casacos iguais foram vendidas nos últimos três meses, cerca de sessenta por cento para loiras. Nenhuma vendedora é capaz de reconhecer a fotografia da morta. E se ela comprou pouco antes do Natal isso nem seria provável. As outras roupas da vítima parecem de fabricação estrangeira, a maioria adquirida em Paris. Não há marca de lavanderias inglesas. Entramos em contato com Paris e estão investigando por lá. Mais cedo ou mais tarde, é claro, alguém vai aparecer com um parente ou inquilino perdido. É só questão de tempo.

– O estojo de pó de arroz não ajudou em nada?

– Infelizmente não. Vendido aos centos, bem baratinho, na Rue de Rivoli. A propósito, a senhora devia ter levado o objeto à polícia de imediato, sabe... Ou a srta. Eyelesbarrow devia ter feito isso.

Miss Marple balançou a cabeça.

– Mas naquele momento não havia provas de que um crime havia sido cometido – salientou. – Uma jovem praticando tacadas de golfe encontra um velho estojo de pó de arroz sem qualquer valor especial no meio da grama. Por que motivo deve sair correndo direto à polícia com o objeto na mão? – Miss Marple fez uma pausa. Então acrescentou com firmeza: – Avaliei que era *bem* mais inteligente achar o corpo primeiro.

O inspetor Craddock divertia-se.

– Ao que parece, a senhora não tinha dúvida nenhuma de que ele seria encontrado.

– Tinha certeza de que seria. Lucy Eyelesbarrow é uma pessoa extremamente esperta e eficaz.

– Eficaz até demais... Eu que o diga! De cair o queixo! Nenhum homem jamais ousará se casar com aquela moça.

– Ora, ora, eu não diria *isso*... Teria de ser um tipo especial de homem, é claro. – Miss Marple meditou por um instante. – Como ela está se comportando em Rutherford Hall?

– Até onde pude notar, criou-se uma dependência completa. Estão comendo na mão dela... Literalmente. A propósito, não sabem de nada sobre a conexão entre a senhora e ela. Mantivemos isso em segredo.

– *Agora* ela não tem conexão alguma comigo. Já cumpriu a missão solicitada.

– Então ela poderia entregar o aviso à patroa e partir, se quisesse?

– Sim.

– Mas ela permanece. Por que será?

– Ela não mencionou os motivos para mim. É uma moça muito inteligente. Suspeito que tenha se interessado.

– Pelo caso? Ou pela família?

– Separar os dois – disse Miss Marple – pode ser bem difícil.

Craddock a encarou fixamente.

– Ah, não... Puxa vida.

– Tem algo específico em mente?

– Acho que a senhora tem.

Miss Marple balançou a cabeça.

Dermot Craddock suspirou.

– Então, tudo o que posso fazer é "dar seguimento à investigação", para falar em jargão técnico... Que insossa é a vida policial!

– Vai conseguir resultados, estou certa.

– Algum palpite? Outra adivinhação inspirada?

– Tenho pensado em coisas como companhias teatrais – disse Miss Marple um tanto vaga. – Excursionando de cidade em cidade, talvez com poucos vínculos domésticos. É mais difícil notar a falta de alguém assim.

– Sim. Talvez a senhora tenha razão. Vamos dedicar atenção especial a essa possibilidade. – E acrescentou: – Por que está sorrindo?

– Só estava pensando – explicou Miss Marple – na cara de Elspeth McGillicuddy quando souber que encontramos o corpo!

II

– Bem! – exclamou a sra. McGillicuddy. – *Bem!*

As palavras não lhe vinham à boca. Relanceou os olhos ao jovem de voz agradável que se apresentara com credenciais e então os baixou à fotografia que ele lhe entregou.

– É ela sim – confirmou. – Sim, é ela. Pobre alma. Bem, devo dizer que estou feliz por terem encontrado o corpo. Ninguém acreditou em nenhuma palavra que eu disse! Nem a polícia, nem o pessoal da ferrovia, nem ninguém. É muito angustiante ser desacreditada. Pelo menos fiz tudo a meu alcance, ninguém pode dizer que não.

O simpático rapaz emitiu ruídos complacentes e compreensivos.

– Onde disse que o corpo estava?

– No celeiro de uma casa chamada Rutherford Hall, no subúrbio de Brackhampton.

– Nunca ouvi falar. Como chegou lá?

O moço não respondeu.

– Jane Marple encontrou, suponho. A confiável Jane.

– O corpo – disse o jovem consultando anotações – foi encontrado por uma tal de srta. Lucy Eyelesbarrow.

– Nunca ouvi falar dela também – disse a sra. McGillicuddy. – Continuo achando que Jane Marple tem algo a ver com isso.

– De qualquer forma, sra. McGillicuddy, a senhora confirma de modo definitivo que a mulher da foto é a mesma que a senhora viu no trem?

– Sendo estrangulada por um homem. Sim, confirmo.

– Muito bem. Consegue descrever o homem?

– Era alto – afirmou a sra. McGillicuddy.

– Sim?

– E moreno.

– Sim?

– É o máximo que posso afirmar – disse a sra. McGillicuddy. – Estava de costas para mim. Não vi o rosto dele.

– Seria capaz de reconhecê-lo se o visse?

– Claro que não! Estava de costas para mim. Não pude enxergar o rosto dele.

– Que idade ele tinha? A senhora tem alguma ideia?

A sra. McGillicuddy meditou.

– Não, na verdade não... Quero dizer, não *sei*... Ele não era, tenho quase certeza, jovem demais... Os ombros pareciam, digamos, espadaúdos, se é que o senhor me entende. – O rapaz assentiu. – Mais de trinta anos, é o mais aproximado a que consigo chegar. Não estava mesmo olhando para ele, sabe. E sim para *ela*... Aquelas mãos em volta do pescoço e o rosto... Todo roxo... Sabe, tenho pesadelos às vezes...

– Deve ter sido uma experiência perturbadora – disse o rapaz, compreensivo.

Fechou o caderno e disse:

– Quando a senhora pretende voltar à Inglaterra?

– Só daqui a três semanas. Isso se não for necessário ir antes.

Ele logo a tranquilizou.

– Ah, não. No momento não há nada que a senhora possa fazer. É lógico, se prendermos alguém...

Ficou combinado assim.

O correio trouxe uma carta de Miss Marple para a amiga. A letra era pontuda, comprida como pernas de aranha, repleta de sublinhados. A sra. McGillicuddy decifrou com facilidade. Anos de prática. Miss Marple forneceu um relato detalhado. A amiga devorou cada palavra com enorme satisfação.

Quem mandou duvidarem delas?

Capítulo 11

I

– Simplesmente não consigo entender você – falou Cedric.

Escorou-se na parede em ruínas do comprido chiqueiro abandonado, os olhos cravados em Lucy Eyelesbarrow.

– O que não consegue entender?

– O que está fazendo aqui?

– É meu ganha-pão.

– Trabalhar de *empregadinha*? – falou em tom afrontoso.

– Está por fora – disse Lucy. – Empregadinha, pois sim! Sou secretária do lar, *house organizer*, especialista em suporte doméstico ou a resposta às suas preces. Principalmente esta última.

– Duvido que goste de todas as coisas que precisa fazer... Cozinhar, fazer a cama, rodopiar com aquela enceradeira roncadora e afundar os braços até os cotovelos na água gordurenta.

Lucy riu.

– De alguns detalhes talvez não. Mas cozinhar satisfaz meus instintos criativos. E tem algo em mim que se delicia ao organizar uma bagunça.

– Vivo em bagunça permanente – falou Cedric. – Eu gosto – acrescentou, em tom de provocação.

– É o que aparenta.

– Meu chalé em Ibiza é administrado com base em princípios simples e diretos. Três pratos, duas xícaras com pires, cama, mesa e cadeiras. Por tudo há poeira, pingos de tinta e lascas de pedra (também sou escultor). Ninguém pode mexer em nada. Mulher não coloca o pé lá.

– Nem para certas tarefas?

– O que quer dizer com isso?

– Um homem de pendores artísticos presumivelmente tem vida amorosa movimentada.

– Minha vida amorosa, como você diz, é problema meu – afirmou Cedric com dignidade. – O que não tolero são mulheres exercendo as tarefas de limpar, interferir e *mandar*.

– Ah, eu adoraria visitar seu chalé. Um desafio e tanto!

– Sem chance.

– Penso que não – rebateu Lucy.

Alguns tijolos da pocilga caíram. Cedric virou a cabeça e olhou a baia tomada por urtigas.

– A velha e querida Madge – disse ele. – Lembro como se fosse hoje. Matriz afetuosa e prolífica como só ela. Dezessete leitões na última ninhada. Tardes agradáveis... A gente vinha aqui coçar o lombo de Madge com uma varinha. Ela adorava.

– Como este lugar ficou neste estado? Não pode ser apenas a guerra.

– Quer organizar isso também, não é? Que mulher que adora interferir! Agora entendo por que foi *você* quem encontrou o corpo! Não deixa em paz nem sarcófagos greco-romanos. – Fez uma pausa e emendou: – Não é só a guerra. É meu pai. O que pensa dele, a propósito?

– Não tenho muito tempo para pensar.

– Não fuja do assunto. É um pão-duro dos infernos. E, a meu ver, um pouco maluco também. Claro que ele odeia todo mundo... Menos Emma, talvez. Isso por causa do testamento do vô.

Lucy olhou, curiosa.

– O vô foi quem fez a fortuna. Bolos, biscoitos e docinhos. As guloseimas do chá da tarde. E então, sendo um cara que via longe, diversificou com salgadinhos e canapés. Agora lucramos bastante com festas e coquetéis. Um belo dia meu pai chegou à conclusão de que sua alma transcendia os biscoitos. Visitou Itália, Bálcãs e Grécia e se meteu no meio artístico. Meu avô ficou irritado. Resolveu que meu pai não era homem de negócios e tinha gosto artístico duvidoso (acertou em cheio nas duas coisas). Então deixou a grana sob custódia para os netos. Meu pai ganhou rendimentos vitalícios, mas ficou proibido de tocar no capital. Sabe o que ele fez? Parou de gastar. Veio para cá e começou a economizar. Arrisco dizer que a esta altura acumulou fortuna tão grande quanto a de meu vô. Neste meio-tempo, nenhum dos netos viu a cor do dinheiro. Sou um pintor totalmente falido. Harold virou homem de negócios e hoje é um executivo importante... O único que herdou o dom de fazer dinheiro. Mas ultimamente corre o boato de que ele está na rua da amargura. Já Alfred... Bem, Alfred é chamado no seio familiar de Alf, o Ligeirinho.

– Por quê?

– Quanta coisa você quer saber, hein? A resposta é que Alf é a ovelha negra da família. Não foi em cana ainda, mas chegou bem perto. Trabalhou no Ministério do Abastecimento durante a guerra e foi dispensado de repente e em circunstâncias suspeitas. Depois disso envolveu-se em rolos com frutas enlatadas... E problemas com a data de vencimento dos ovos. Tudo coisa miúda... Picaretagens.

– Não acha arriscado contar todas essas coisas a pessoas estranhas?

– Por quê? É espiã da polícia?

– Posso ser.

– Não creio. Já estava aqui se esfalfando como uma condenada antes da polícia começar a se interessar por nós. Eu diria...

Calou-se ao ver a irmã Emma aparecer na entrada da horta.

– Como vai, Em? Parece um pouco agitada.

– Sim. Preciso falar com você.

– E eu preciso voltar para a cozinha – disse Lucy, com discernimento.

– Não vá – falou Cedric. – Com o assassinato você se tornou praticamente da família.

– Tenho muito o que fazer. Só vim colher um pouco de salsa.

Lucy bateu em rápida retirada. Cedric não tirou os olhos dela.

– Moça bonita – comentou. – Quem ela é na verdade?

– Ah, ela é famosa – disse Emma. – Transformou seu ofício em especialidade. Mas deixe Lucy Eyelesbarrow para lá, Cedric. Estou muito preocupada. Parece que a polícia acredita que a morta era estrangeira, talvez francesa. Cedric, será que ela não poderia ser... *Martine?*

II

Por um instante, Cedric a encarou como se não tivesse entendido.

– Martine? Mas quem diabos é... Ah, você quer dizer *Martine*?

– Sim. Será que...

– Por que diabos seria *Martine*?

– Ora, pensando bem, o fato de ela ter enviado aquele telegrama foi bizarro. Deve ter sido mais ou menos na mesma época. Não acha que, no fim das contas, ela pode ter vindo até aqui e...

– Tolice. Por que Martine viria até aqui e entraria no celeiro? Por que motivo? Parece-me bastante improvável.

– Não acha que devo contar para o inspetor Bacon... Ou para o outro?

– Contar o quê?

– Ora... sobre Martine. A mensagem dela.

– Melhor não começar a complicar as coisas, maninha, levantando coisas irrelevantes que não têm nada a ver com a história. Aquela carta de Martine nunca chegou a me convencer, de qualquer forma.

– A mim, convenceu.

– Sempre foi campeã em acreditar em contos da carochinha, mana. Meu conselho: fique bonitinha no seu canto. Identificar o precioso cadáver é problema da polícia. E aposto que Harold teria a mesma opinião.

– Ah, sei que Harold teria. E Alfred também. Mas estou preocupada, Cedric, *realmente* preocupada. Não sei o que fazer.

– Não faça nada – afirmou Cedric prontamente. – Emma, fique de boca fechada. Evitar problema é meu lema.

Emma Crackenthorpe suspirou. Com o pensamento inquieto, retornou devagar à casa.

Quando ela chegava ao pátio frontal, o dr. Quimper saiu da casa e abriu a porta de seu enferrujado Austin. Parou ao vê-la, desceu do carro e veio em sua direção.

– Olá, Emma – saudou ele. – Seu pai está em forma esplêndida. O assassinato lhe cai bem. Tornou a vida dele mais interessante. Vou prescrever a outros pacientes.

Emma abriu um sorriso mecânico. Sempre rápido em notar reações, o dr. Quimper perguntou:

– Algum problema em especial?

Emma levantou o olhar ao médico. Com o tempo, aprendera a contar com sua bondade e simpatia. Mais que médico competente, ele se tornara um amigo em quem confiar. Sua aspereza calculada não a enganava – conhecia a bondade por trás dela.

– Estou preocupada, sim – admitiu.

– Quer desabafar? Sou todo ouvidos.

– Bem que eu gostaria. Uma parte o senhor já sabe. O problema é que não sei o que fazer.

– Sempre considero suas opiniões muito confiáveis. O que se passa?

– O senhor lembra... Talvez não... Que uma vez eu lhe contei sobre meu irmão... aquele morto na guerra?

– Aquela história que ele se casou (ou queria se casar) com uma moça francesa? Uma coisa assim?

– Sim. Poucos dias depois que recebi aquela carta, ele foi morto. Nunca recebemos notícia da moça. Tudo que sabíamos, na verdade, era seu primeiro nome. Sempre esperamos ela dar sinal de vida, mas ela não escreveu nem apareceu. Nunca recebemos notícia *alguma*... Isso até um mês atrás, pouco antes do Natal.

– Lembro-me. Recebeu uma carta, não foi?

– Sim. Ela dizia que estava na Inglaterra e gostaria de nos visitar. Ficou tudo combinado. Mas na última hora ela enviou um telegrama dizendo que por motivos urgentes precisava voltar para a França.

– Então?

– A polícia acredita que a mulher assassinada... era francesa.

– É mesmo? Tive a impressão de que era inglesa, mas é difícil avaliar. Então é isso que a preocupa? A possibilidade de que a morta seja a namorada de seu irmão?

– Sim.

– Acho pouco provável – replicou o dr. Quimper. E acrescentou: – Mas entendo como você se sente.

– Fico pensando se não devia contar à polícia... Toda essa história. Cedric e os outros dizem que não é preciso. O que o senhor acha?

– Hum... – O dr. Quimper contraiu os lábios. Calou-se por um instante e meditou. Então disse quase a contragosto: – É bem *mais simples* não dizer nada, é claro. Entendo o sentimento de seus irmãos. Mas...

– Sim?

Quimper a fitou. No olhar dele havia um brilho carinhoso.

– Eu iria em frente e contaria – estimulou. – Vai continuar preocupada se não o fizer. Conheço você.

Emma enrubesceu de leve.

– Talvez eu seja tola.

– Faça o que acredita que deve ser feito, minha cara... O resto da família que aguente! Vou apoiar sua decisão e enfrentá-los sempre que necessário.

Capítulo 12

I

– Mocinha! Ei, mocinha! Venha cá.

Lucy virou a cabeça, surpresa. O velho sr. Crackenthorpe fazia um veemente sinal detrás de uma porta.

– Pois não, sr. Crackenthorpe?

– Não fale muito. Entre aqui.

Lucy obedeceu ao gesto autoritário. O velho sr. Crackenthorpe agarrou-a pelo braço, puxou-a para dentro e fechou a porta.

– Quero lhe mostrar uma coisinha – disse ele.

Lucy olhou ao redor. Estavam numa saleta claramente projetada para ser um gabinete, mas de modo igualmente claro não usada para esse fim há muito tempo. Havia pilhas de papéis empoeirados na escrivaninha. Teias de aranha enfeitavam os cantos do forro. O ar cheirava a umidade e bolor.

– Quer que eu limpe esta sala? – indagou ela.

O velho sr. Crackenthorpe balançou a cabeça com força.

– Nem pense nisso! Eu deixo esta sala chaveada. Bem que Emma gostaria de bisbilhotar por aqui, mas eu não deixo. É a *minha* sala. Está vendo essas pedras? Têm valor geológico.

Lucy olhou na direção de doze ou catorze pedras informes, algumas polidas e outras rugosas.

– Lindas – comentou, amável. – Que interessante.

– Tem razão. São interessantes. Você é inteligente. Não mostro isto para qualquer um. Vou mostrar mais coisas.

– É muita gentileza sua, mas eu preciso voltar ao trabalho. Com seis pessoas na casa...

– Comendo do bom e do melhor... Só isso que sabem fazer quando vêm para cá! *Comer*! Nem se coçam para ajudar nas despesas. Sanguessugas! Todos esperando eu morrer. Bem, não vou morrer por enquanto... Não vou morrer para agradá-los. Mas sou bem mais forte do que eles pensam, inclusive Emma.

– Tenho certeza que sim.

– Também não estou tão velho. Emma finge que estou e me trata como se eu estivesse. Não me acha velho, acha?

– Claro que não – disse Lucy.

– Moça sensata. Dê uma olhada aqui.

Ele mostrou um quadro grande e apagado na parede. Era, Lucy percebeu, uma árvore genealógica. A maioria dos nomes era tão pequena que só com a ajuda de lupa para ler. Os ancestrais remotos, entretanto, apareciam em orgulhosas letras maiúsculas, com coroas sobre os nomes.

– Descenderam dos reis – explicou o sr. Crackenthorpe. – É a árvore genealógica de minha mãe, não de meu pai. Ele era plebeu! Um velho ordinário! Não gostava de mim. Eu sempre fui superior a ele. Puxei pela minha mãe. Tenho gosto natural por arte e escultura clássicas... *Ele* não enxergava nada nisso... Velho tolo e imbecil. Não lembro de minha mãe... Ela morreu quando eu tinha dois anos. A última da família. Venderam tudo, e ela casou-se com meu pai. Mas olhe aqui... Eduardo, o Confessor... Ethelred, o Despreparado... vários monarcas. E isso antes dos normandos chegarem. *Antes dos normandos*... Não é para qualquer um, hein?

– Sem dúvida.

– Agora vou lhe mostrar outra coisa.

Ele a guiou pela sala até um imenso armário de carvalho escuro. Lucy tinha plena e inquieta consciência da força dos dedos que apertavam seu braço. Naquele dia, o velho sr. Crackenthorpe não parecia nada fraco.

– Está vendo isto aqui? Veio de Lushington... O berço de minha família materna. Elisabetano. Precisa de quatro homens para mexer do lugar. Não sabe o que eu guardo dentro, sabe? Quer que eu lhe mostre?

– Quero – disse Lucy com polidez.

– Está curiosa, não é? Todas as mulheres são curiosas.

Tirou uma chave do bolso e abriu a porta inferior do armário. De dentro do armário, retirou um cofre portátil. Para a surpresa de Lucy, de aparência bem nova. Abriu o cofre com outra chave.

– Dê uma olhada nisso, querida. Já viu algo parecido?

Ergueu um pequeno cilindro envolto em papel e tirou a tampa. Moedas de ouro escorreram na palma de sua mão.

– Dê só uma olhada nessas belezinhas, mocinha. Olhe, segure, toque. Sabe do que se trata? Aposto que não! Não é do seu tempo. Bons e velhos soberanos de ouro... A moeda corrente antes das cédulas imundas entrarem na moda. Valem bem mais do que estúpidas tiras de papel. Fiz a coleção há muito tempo. Tenho outras coisas neste cofre, também. Separo muitas coisas aqui. Tudo pensando no futuro. Emma não sabe... Ninguém sabe. É nosso segredinho, certo? Sabe por que estou contando e mostrando a você?

– Por quê?

– Porque não quero que você pense que eu sou uma carta fora do baralho. Energia não me falta. Minha esposa morreu faz muito tempo. Sempre contrariando tudo. Não gostou dos nomes que escolhi para as crianças... Bons nomes saxões... Não se interessava por esta árvore genealógica. Mas eu nunca prestava atenção no que ela dizia... Criatura inferior... Sempre desistia das coisas. Já você é uma garota bem-disposta... E muito bonita! Tenho um conselho para lhe dar. Não desperdice seu tempo com homens jovens. Homens jovens são tolos! Você precisa pensar no futuro. *Espere...* – apertou o braço de Lucy com mais força e cochichou no ouvido dela: – Não vou dizer mais nada. *Espere.* Esses idiotas pensam que eu vou morrer logo. Não vou. Não se surpreenda se eu enterrar todos eles. E então vamos ver! Ah, sim, então vamos ver. Harold não tem filhos. Cedric e Alfred estão solteiros. Emma... Emma já passou da época de casar. Ela tem uma queda por Quimper... mas Quimper nunca pensaria em casar-se com Emma. Sim, é claro, tem o Alexander... Sabe, eu gosto do garoto... Sim, isso é estranho. Eu gosto de Alexander.

Hesitou um instante, franzindo a testa. Então continuou:

– Bem, mocinha, o que me diz? O que me diz, hein?

– Srta. Eyelesbarrow...

Mal se ouvia a voz de Emma atrás da porta fechada do gabinete. Aliviada, Lucy aproveitou a oportunidade.

– A srta. Crackenthorpe está chamando. Preciso ir. Muito obrigado por tudo que o senhor mostrou...

– Não esqueça... É o nosso segredinho...

– Não vou esquecer – disse Lucy, saindo apressada em direção ao hall, na dúvida se havia ou não recebido uma proposta de casamento.

II

Sentado à escrivaninha de sua sala na New Scotland Yard, Dermot Craddock segurava o telefone em postura relaxada, com o cotovelo escorado na mesa e o torso inclinado. Falava em francês, língua que dominava razoavelmente.

– Foi só uma ideia – disse ele.

– Mas já é uma ideia – respondeu a voz do outro lado, da Chefia de Polícia de Paris. – Investigações nessa linha já estão em andamento. Segundo meu agente, existem duas ou três alternativas promissoras. Essas mulheres, a não ser que tenham amante ou certa convivência familiar, saem muito fácil de circulação... Ninguém se importa com elas. Ou foram excursionar ou há um homem novo no pedaço... Não é da conta de ninguém perguntar. É uma pena que a foto que você me enviou seja tão difícil de reconhecer. Estrangulamento não embeleza ninguém. Mas quanto a isso não podemos fazer nada. Agora vou ler os mais novos relatórios de meus agentes sobre a questão. Talvez descubra algo. *Au revoir, mon cher.*

Quando Craddock respondia à despedida com educação, uma tira de papel foi colocada à sua frente na escrivaninha. Dizia:

Srta. Emma Crackenthorpe.
Deseja falar com inspetor-detetive Craddock.
Caso Rutherford Hall.

Pôs o fone no gancho e disse ao guarda:

– Faça a srta. Emma Crackenthorpe subir.

Enquanto esperava, reclinou as costas na cadeira, meditando.

Então ele não se enganara... Emma Crackenthorpe sabia de alguma coisa... Não muito, talvez, mas algo. E decidira lhe contar.

Levantou-se quando ela entrou, trocou um aperto de mão, puxou uma cadeira para ela sentar-se e ofereceu um cigarro, que ela recusou. Em seguida houve uma ligeira pausa. Chegou à conclusão de que ela estava escolhendo as palavras certas. Ele inclinou-se à frente.

– Veio me contar alguma coisa, srta. Crackenthorpe? Em que posso ajudá-la? Algo a preocupa, não é mesmo?

Um pequeno detalhe, talvez. A senhorita pensa que não tem relação com o caso, mas, por outro lado, pode ter. Veio aqui me contar, não veio? Diz respeito, talvez, à identidade da vítima. Acha que sabe quem ela é?

– Não, não, em absoluto. Acho mesmo pouco provável. Mas...

– Mas há uma possibilidade que a preocupa. É melhor se abrir comigo... Talvez consigamos lhe tranquilizar.

Emma hesitou um pouco antes de falar. Então disse:

– O senhor conheceu três dos meus irmãos. O outro, Edmund, foi morto na guerra. Pouco antes de morrer, me escreveu da França.

Abriu a bolsa e pegou uma carta amassada e esmaecida. Leu alto:

> *Não fique chocada, Emmie, mas vou me casar... Com uma francesa. Foi tudo bem repentino... Mas sei que vai gostar de Martine... E cuidar dela caso aconteça algo comigo. Mais detalhes na próxima carta... quando já serei um homem casado. Conte para o papai com jeito, certo? Acho que ele vai ficar fulo da vida.*

O inspetor Craddock estendeu a mão. Depois de certa hesitação, Emma entregou a carta e continuou rapidamente:

– Dois dias depois da carta, chegou um telegrama dizendo que Edmund estava *desaparecido, dado como morto.* Mais tarde veio a confirmação definitiva da morte. Foi pouco antes de Dunquerque... a confusão era grande na época. Pelo que descobri, o exército não registrou nada sobre o suposto casamento... Mas, como eu disse, ninguém se entendia naquela época. Nunca recebi notícias da moça. Depois que a guerra terminou, tentei investigar, mas só sabia o seu prenome. Aquela parte da França tinha sido ocupada pelos alemães. Era difícil descobrir algo sem saber o sobrenome e mais coisas sobre ela. No fim, tomei como certo que o casamento não havia acontecido e que a moça provavelmente tinha se casado com outro depois do fim da guerra. Ou até mesmo sido morta.

O inspetor Craddock assentiu com a cabeça. Emma continuou:

– Imagine qual minha surpresa ao receber um mês atrás uma carta assinada por *Martine Crackenthorpe.*

– Tem ela aí?

Emma pegou a carta da bolsa e entregou ao inspetor. Craddock leu com interesse. Escrita com letra inclinada e culta.

> *Querida mademoiselle,*
> *Espero que esta carta não a deixe chocada. Nem mesmo sei se o seu irmão lhe contou que casamos. Ele disse que contaria. Ele foi morto poucos dias depois de nosso casamento e na mesma época os alemães invadiram e tomaram nossa aldeia. Quando a guerra acabou, decidi não lhe escrever nem tentar me aproximar, embora Edmund tivesse me aconselhado a fazê-lo. Mas então eu estava construindo uma vida nova e isso não era necessário. Agora as coisas mudaram. Escrevo esta carta pensando no bem de meu filho. Ele é filho de seu irmão, sabe, e eu... Bem, não estou mais em condições de dar a educação que ele merece. Vou à Inglaterra no começo da semana que vem. Quer me avisar se eu posso aparecer para uma visita? Meu endereço postal é 126 Elvers Crescent, N. 10. Novamente espero que esta carta não a deixe muito chocada.*
> *Com protestos de meus sentimentos mais nobres,*
> *Martine Crackenthorpe.*

Craddock permaneceu em silêncio por um tempo. Releu a carta com cuidado antes de devolvê-la.

– O que a senhorita fez assim que recebeu a carta, srta. Crackenthorpe?

– Meu cunhado, Bryan Eastley, estava comigo na hora e comentei o assunto com ele. Então liguei para meu irmão Harold em Londres e pedi a opinião dele. Harold mostrou-se bastante cético em relação à história toda e aconselhou o máximo de cautela. Disse que devíamos verificar com cuidado as credenciais dessa mulher.

Emma tomou fôlego e prosseguiu:

– Isso, é claro, era usar o bom senso, e eu concordei plenamente. Mas se essa moça... se essa mulher fosse mesmo a Martine sobre quem Edmund me escrevera, achava-me na obrigação de recebê-la da forma correta. Escrevi ao endereço fornecido na carta, convidando-a para vir até Rutherford Hall e nos encontrar. Poucos dias depois, recebi um telegrama de Londres: *Sinto muito, obrigada a retornar à França, motivo imprevisto. Martine.* Depois não recebemos mais cartas nem notícias.

– Tudo isso aconteceu... quando?

Emma franziu a testa.

– Pouco antes do Natal. Eu me lembro, pois eu queria sugerir que ela viesse passar o Natal conosco... Mas meu pai não quis nem ouvir falar nisso... Então sugeri que ela viesse no fim de semana após o Natal, enquanto a família ainda estivesse aqui. Se não me engano, o telegrama dizendo que ela ia voltar à França chegou poucos dias antes do Natal.

– E a senhorita acredita que a mulher cujo corpo foi encontrado no sarcófago possa ser essa Martine?

– Não, claro que não. Mas quando o senhor disse que ela provavelmente era estrangeira... Não pude deixar de imaginar... se talvez...

Sua voz foi minguando.

Sem demora, Craddock falou em tom tranquilizador:

– Fez muito bem em me contar isso. Vamos investigar. Tudo indica que a mulher que escreveu *realmente* voltou à

França e passa bem. Por outro lado, *existe* certa coincidência de datas, como a senhorita teve a perspicácia de perceber. Como vimos no inquérito, a mulher morreu, de acordo com o legista, há três ou quatro semanas. Então não se preocupe, srta. Crackenthorpe. Confie em nós. – Emendou casualmente: – A senhorita consultou o sr. Harold Crackenthorpe. E quanto a seu pai e os outros irmãos?

– Tive de contar a meu pai, claro. Ficou muito consternado – ela abriu um leve sorriso. – Botou na cabeça que era armação para nos tirar dinheiro. Meu pai fica muito nervoso quando o assunto é dinheiro. Acredita (ou finge que acredita) ser paupérrimo, acha que precisa economizar cada centavo. Penso que os idosos se tornam obcecados com isso às vezes. Não é verdade, claro. Tem uma renda imensa e não gasta nem a quarta parte dela... Pelo menos costumava não gastar antes do aumento dos impostos. Com certeza tem uma fortuna guardada. – Silenciou por um instante e prosseguiu: – Contei a meus outros dois irmãos também. Alfred não levou muito a sério. Também achou quase certo se tratar de uma fraude. Cedric simplesmente não se interessou... É meio egocêntrico. O plano era receber Martine e convidar nosso advogado, o sr. Wimborne, para estar presente.

– O que o sr. Wimborne disse sobre a carta?

– Não chegamos a entrar no assunto com ele. Estávamos prestes a avisá-lo quando chegou o telegrama de Martine.

– Depois disso não tomou outras medidas?

– Sim. Escrevi ao endereço de Londres com *Favor remeter adiante* no envelope. Mas não recebi resposta alguma.

– Assunto bem curioso... Humm...

Ele a mirou sagazmente.

– O que pensa sobre isso?

– Não sei o que pensar.

– Quais foram suas reações na época? Achou a carta autêntica ou concordou com seu pai e seus irmãos? Falando nisso, e seu cunhado?

– Ah, Bryan achou que a carta era autêntica.

– E a senhorita?

– Eu... não tinha certeza.

– E quais eram seus sentimentos em relação a isso... Supondo que a moça *realmente* fosse viúva de seu irmão Edmund?

As feições de Emma enterneceram-se.

– Eu gostava muito de Edmund. Meu irmão predileto. A carta parecia exatamente o tipo de carta que uma jovem como Martine escreveria naquelas circunstâncias. Uma sequência de eventos perfeitamente natural. Presumi que na época em que a guerra acabou ela devia ter se casado outra vez ou conseguido a proteção de um homem para si e para a criança. Tempos depois, talvez, o homem morreu ou a abandonou. Pareceu-lhe certo recorrer à família de Edmund... Obedecendo ao desejo dele. A carta me pareceu genuína e natural... Mas, claro, é como Harold salientou... Se tivesse sido escrita por uma impostora, essa pessoa conheceria Martine e teria pleno conhecimento dos fatos. Assim, escreveria uma carta inteiramente plausível. Tive de admitir, ele estava certo... Mas...

Ela parou.

– Queria que fosse verdade? – indagou Craddock de forma suave.

Ela o mirou com gratidão.

– Sim, eu queria. Eu ficaria muito contente se Edmund tivesse deixado um filho.

Craddock assentiu.

– Sem dúvida, a carta à primeira vista soa autêntica. O que surpreende é a sequência: a súbita partida de Martine Crackenthorpe a Paris e o fato de não ter mandado mais notícias. Vocês responderam de modo gentil e se preparavam para dar boas-vindas. Se ela voltou para França, por que não escreveu de novo? Claro, isso se ela fosse genuína. Se fosse impostora, fica mais fácil de explicar. Se o sr. Wimborne tivesse sido consultado, poderia ter realizado investigações e assustado a mulher. Mas pelo que a senhorita contou não foi assim. Pode ser que um de seus irmãos tenha feito algo do gênero. Talvez o passado dessa Martine não resistisse a uma investigação. Ela tomou como certo que só lidaria com a afetuosa irmã de Edmund e não com sisudos e desconfiados homens de negócios. Ela queria conseguir dinheiro da família para a criança (ou melhor, um adolescente de quinze ou dezesseis anos) sem ter de responder muitas questões. Mas em vez disso topou com algo bem diferente. Afinal, imagino que surgiriam sérias implicações jurídicas. Se Edmund Crackenthorpe deixou um filho legítimo, ele seria um dos herdeiros do capital do seu avô?

Emma balançou a cabeça afirmativamente. O inspetor continuou:

– Além disso, pelo que fiquei sabendo, no tempo devido ele herdaria Rutherford Hall e o terreno ao redor da casa... Terras de alto valor imobiliário, a esta altura.

Emma pareceu um pouco desconcertada.

– Sim, não havia pensado nisso.

– Bem, não há motivo para se preocupar – disse o inspetor Craddock. – Fez muito bem em aparecer e me contar. Vou mandar fazer investigações, mas não me parece existir conexão entre a mulher que escreveu a carta (com o objetivo provável de levar vantagem fraudulenta) e a mulher cujo corpo foi encontrado no sarcófago.

Emma ergueu-se com um suspiro de alívio.

– Estou tão feliz por ter contado! O senhor foi muito amável.

Craddock a acompanhou até a porta.

Então ligou para o sargento-detetive Wetherall.

– Missão para você, Bob. Vá até 126 Elvers Crescent, N. 10. Leve fotos da mulher de Rutherford Hall. Veja o que consegue descobrir sobre a mulher que se diz chamar sra. Crackenthorpe... sra. Martine Crackenthorpe, que morava lá ou recebia correspondência lá, entre, digamos, 15 e 31 de dezembro.

– Certo, sir.

Craddock ocupou-se com vários outros problemas que esperavam sua atenção na escrivaninha. À tarde encontrou-se com um amigo do meio teatral. A investigação não deu resultado.

Mais tarde, ao retornar ao escritório, havia um telegrama de Paris na mesa.

A descrição fornecida se aplica a Anna Stravinska, do Ballet Maritski. Sugiro que venha para cá. Dessin, Chefia de Polícia.

Craddock soltou um grande suspiro de alívio e seu sobrecenho desanuviou-se.

"Até que enfim! É o fim da linha", pensou ele, "para essa tal de Martine Crackenthorpe..." Decidiu pegar a balsa noturna a Paris.

Capítulo 13

I

– Foi muita gentileza ter me convidado para o chá – disse Miss Marple a Emma Crackenthorpe.

Mais do que em outras ocasiões, Miss Marple parecia doce e meiga, a imagem perfeita de um amor de velhinha. Sorria radiante ao pousar o olhar nos anfitriões... Harold no elegante terno azul-marinho, Alfred distribuindo sanduíches num sorriso encantador, e Cedric ao lado da lareira em sua esfarrapada jaqueta de tweed, com cara de poucos amigos.

– Estamos muito contentes com sua visita – disse Emma com polidez.

Não havia nem sinal da cena que se passara após o almoço quando Emma exclamara:

– Minha nossa, tinha me esquecido! Disse para a srta. Eyelesbarrow que hoje podia trazer a tia dela para o chá.

– Cancele o convite – disse Harold com aspereza. – Ainda temos muito o que conversar. Não queremos estranhos por aqui.

– Deixe-a tomar o chá na cozinha ou em outro lugar com a moça – contemporizou Alfred.

– Ah, não posso fazer isso – disse Emma, firme. – Seria uma descortesia.

– Ah, deixe-a vir – concordou Cedric. – Podemos pescar informações sobre a maravilhosa Lucy. Estou curioso para saber mais dessa menina, devo confessar. Ainda não sei se confio nela. Inteligente até demais.

– Ela é autêntica. E muito bem relacionada – observou Harold. – Estive me informando. O seguro morreu de velho. Do jeito que ela ficou xereteando e encontrou o cadáver...

– Se pelo menos soubéssemos quem era essa maldita – disse Alfred.

Harold acrescentou com raiva:

– Vai me desculpar, Emma, mas onde você estava com a cabeça quando foi à polícia sugerir que a morta era a namorada francesa de Edmund? Vão pensar que ela veio até aqui e que um de *nós* a matou.

– Ah, não exagere, Harold.

– Harold tem toda razão – disse Alfred. – Não sei que santo baixou em você. Tenho a sensação de que em todos os lugares há tiras na minha cola.

– Eu disse para ela não fazer isso – contou Cedric. – Mas Quimper a incentivou.

– Ele não tem nada que dar palpite – Harold disse, furioso. – Que vá tratar de suas receitinhas ou da saúde nacional.

– Ah, parem de brigar! – acudiu Emma, aborrecida. – Que bom que essa velha Miss Seja-lá-qual-for-o-nome-dela vem para o chá. Será ótimo para todos recebermos uma pessoa estranha. Assim evitamos remoer e ruminar os mesmos assuntos. Com licença, vou me arrumar um pouco.

Ela saiu da sala.

– Essa tal Lucy Eyelesbarrow – iniciou Harold e parou. – Como diz Cedric, *é* esquisito ela ficar fuçando no celeiro e tentar abrir o sarcófago... Tarefa hercúlea. Talvez devêssemos tomar alguma medida. O comportamento dela no almoço me pareceu bastante hostil.

– Podem deixar ela comigo – disse Alfred. – Logo vou descobrir se ela está tramando alguma coisa.

– *Por que* ela abriu aquele sarcófago? Alguém pode me dizer?

– Talvez ela não seja a verdadeira Lucy Eyelesbarrow – Cedric sugeriu.

– Mas com que objetivo? – Harold indagou, irritado. – Ah, que droga!

Os três irmãos se entreolharam preocupados.

– E para ajudar ainda vem essa velhota pestilenta para o chá. Justo quando queremos *pensar*.

– Vamos discutir o assunto à noite – disse Alfred. – Nesse meio-tempo, vamos sondar a tia velha sobre Lucy.

Então Miss Marple fora devidamente trazida por Lucy e acomodada junto ao fogo. Agora ela sorria para Alfred enquanto ele distribuía os sanduíches, com a aprovação que sempre demonstrara aos homens bonitos.

– Muito obrigada... São de quê? Ah, ovo com sardinha. Hum... Saborosos. Tenho a tendência de ser gulosa na hora do chá. Com o andar do tempo, sabe... Mas, é claro, à noite só uma refeição bem leve... Tenho de me cuidar. – Ela se dirigiu à anfitriã outra vez: – Que casa linda a senhorita tem! E com tantas coisas bonitas. Aqueles lustres de bronze me lembram os que meu pai comprou na Exposição de Paris. Ah, seu avô também? Estilo clássico, não? Lindos. Que adorável ter os irmãos ao redor... É tão comum a gente ver famílias espalhadas por aí... Na Índia, mas acho que os tempos áureos se foram... Na costa oeste da África... um clima tão ruim.

– Tenho dois irmãos que moram em Londres.

– Que ótimo.

– Mas meu irmão Cedric é pintor e mora em Ibiza, uma das ilhas Baleares.

– Pintores adoram ilhas, não é? – comentou Miss Marple. – Chopin... Mas ele morava em Mallorca, não? E era pianista. Eu quis dizer Gauguin. Vidinha triste... A gente tem a impressão de uma vida desperdiçada. Quanto a mim, nunca me interessei em quadros de mulheres nativas... Sei que ele é muito prestigiado, mas nunca gostei daqueles tons mostarda espalhafatosos. Só de olhar aqueles quadros a pessoa fica de mau humor.

Relanceou os olhos em direção a Cedric com leve expressão de censura.

– Miss Marple, como Lucy era quando criança? – perguntou Cedric.

Encantada, ela abriu um sorriso e respondeu:

– Lucy era muito esperta. Era sim, querida... Não me interrompa. Um prodígio em aritmética. Não me esqueço daquela vez em que o açougueiro tentou me enganar no preço do filé...

Miss Marple lançou-se a todo vapor em memórias da infância de Lucy e aproveitou para contar suas próprias experiências na vida da sua cidadezinha.

O fluxo de reminiscências foi interrompido pela entrada de Bryan e dos meninos, com a roupa úmida e suja como resultado da incessante busca por pistas. O chá foi trazido, e junto com ele chegou o dr. Quimper. Após ser apresentado à velha senhora, ele correu o olhar pela sala, ergueu de leve as sobrancelhas e dirigiu-se a Emma.

– Espero que o seu pai não esteja se sentindo mal.

– Ah, não... Quer dizer, ele só estava um pouco cansado esta tarde...

– Evitando as visitas, presumo – disse Miss Marple com um sorriso matreiro. – Lembro-me tão bem de meu querido pai. "Vai receber as velhas bichanas hoje?", ele perguntava para minha mãe. "Sirva meu chá no gabinete". Era meio antissocial.

– Por favor, não pense... – começou Emma, mas Cedric atalhou.

– O chá é sempre no gabinete quando os filhos queridos vêm de Londres. Clichê psicológico, não, doutor?

O dr. Quimper, que devorava sanduíches e fatias do bolo de café com a sincera gratidão de um homem que não dispõe de muito tempo para as refeições, respondeu:

– Melhor deixar a psicologia para os psicólogos. O problema é que hoje em dia todo mundo quer dar uma de psicólogo amador. Meus pacientes descrevem com precisão os complexos e as neuroses de que padecem, sem ao menos darem chance de eu me manifestar. Obrigado, Emma, aceito outra xícara. Hoje nem tive tempo de almoçar.

– A vida de um médico é tão nobre e sacrificada – elogiou Miss Marple.

– A senhora não deve conhecer muitos médicos – disse o dr. Quimper. – Somos chamados de sanguessugas e muitas vezes somos mesmo! Hoje em dia, pelo menos somos pagos. O Estado garante isso. Não precisamos cobrar contas e nunca ver a cor do dinheiro. O problema é que todos os pacientes estão determinados a "extrair o máximo" que puderem do governo. Por isso, se a Mariazinha tosse duas vezes na madrugada ou o Joãozinho come duas maçãs azedas, lá vai o doutor atender no meio da noite. Muito bem! Bolo maravilhoso, Emma. Você é uma cozinheira de mão cheia!

– Não fui eu que fiz. Foi a srta. Eyelesbarrow.

– Os seus não perdem em nada – disse Quimper lealmente.

– Quer dar uma olhada em meu pai?

Ela se ergueu e o doutor a seguiu. Miss Marple ficou observando os dois saírem da sala.

– A srta. Crackenthorpe é uma filha dedicada – disse ela.

– Não sei como ela aguenta o velho – disse o franco Cedric.

– Aqui ela tem um lar bastante confortável, e o pai é muito ligado a ela – apressou-se a dizer Harold.

– Está tudo bem com Emma – disse Cedric. – Nasceu para ser solteirona.

Um tênue brilho tremeluziu no olhar de Miss Marple quando ela respondeu:

– Ah, o senhor pensa isso mesmo?

Harold disse com rapidez:

– Meu irmão não usou o termo "solteirona" no sentido pejorativo, Miss Marple.

– Ah, não me ofendi – disse Miss Marple. – Só fiquei pensando se ele estava certo. Eu não acho que a srta. Crackenthorpe seja solteirona. Mas sim o tipo de mulher que costuma se casar mais tarde... E para sempre.

– Morando aqui, não é nada provável – falou Cedric. – Nunca vê pretendente algum.

O brilho no olhar de Miss Marple ficou mais intenso do que nunca.

– Sempre há os pastores... e os médicos.

Correu os olhos meigos e travessos entre os irmãos. Ficou evidente que nunca haviam pensado nisso antes e que a ideia não lhes agradava nem um pouco.

Miss Marple levantou-se, derrubando várias estolinhas de lã e a bolsa.

Os três irmãos se apressaram para juntar os objetos caídos no chão.

– Quanta bondade – agradeceu Miss Marple com voz aflautada. – Ah, sim, meu cachecolzinho azul. Como ia dizendo... Quanta bondade terem me convidado! Ultimamente ficava imaginando como seria a casa dos senhores... E visualizava Lucy trabalhando aqui.

– Condições domésticas perfeitas... Temperadas com assassinato – falou Cedric.

– Cedric! – a voz de Harold estava zangada.

Miss Marple levantou o rosto e sorriu para Cedric.

– Sabe quem o senhor me lembra? O jovem Thomas Eade, filho do gerente do banco lá de minha cidadezinha. Não perdia oportunidade de chocar as pessoas. Claro, não se deu bem no ambiente bancário, então tomou o caminho do Caribe... Quando o pai morreu, voltou para casa e herdou uma boa quantia. Para ele foi ótimo. Sempre teve mais talento para gastar dinheiro do que para ganhar.

II

Lucy levou Miss Marple para casa. No retorno, um vulto saiu da escuridão e se pôs no clarão dos faróis, bem na hora em que ela dobrava para entrar na alameda dos fundos. O vulto ergueu a mão e Lucy reconheceu Alfred Crackenthorpe.

– Bem melhor – observou ao entrar. – Brr... Que frio lá fora! Achei que seria bom dar uma caminhada revigorante. Mas não foi. Miss Marple chegou bem em casa?

– Sim. Ela se divertiu bastante.

– Deu para perceber. É engraçado como as velhas senhoras gostam de qualquer espécie de encontro social, por mais insosso que seja. E, falando sério, nada pode ser mais insosso que Rutherford Hall. Não consigo aguentar mais que dois dias. Como consegue tolerar, Lucy? Não se importa se eu lhe chamar de Lucy, se importa?

– Fique à vontade. Não acho insosso. Claro que não costumo ficar muito tempo.

– Tenho observado... Você é esperta, Lucy. Muito esperta para desperdiçar o tempo cozinhando e limpando.

– Obrigada, mas prefiro cozinhar e limpar a fazer serviço de escritório.

– Eu também. Mas existem outros meios de vida. Você poderia ser freelancer.

– Eu sou.

– Não dessa maneira. Quero dizer, trabalhando para si própria, usando o intelecto para desafiar...

– Desafiar o quê?

– O poder institucionalizado! Todas as regras bestas e velhacas que nos estorvam hoje em dia. A coisa interessante é que sempre existe um modo de contorná-las, só basta descobrir. E você é esperta. Vamos lá, a ideia não lhe atrai?

– Quem sabe...

Lucy estacionou o carro de ré no estábulo.

– Não quer firmar compromisso?

– Teria de ouvir mais.

– Vou abrir o jogo, queridinha. Eu poderia usá-la. Você tem um dom impagável: inspira confiança.

– Quer ajuda para vender ouro falso?

– Nada tão arriscado. Só pequenas transgressões da lei... Nada mais. – Deslizou a mão sobre o ombro dela. – Você é muito atraente, Lucy. Quero você como parceira.

– Estou lisonjeada.

– Não quer tentar? Pense com carinho. Vai ser divertido. Pense no prazer de passar a perna em todos aqueles sisudos grã-finos. Mas para isso é preciso capital.

– Receio não dispor no momento.

– Ah, não dei nenhuma indireta! Logo, logo, vou ter capital. Meu adorado pai não pode viver eternamente, o velho pão-duro. Quando ele bater as botas, ponho a mão numa bolada. Que tal, Lucy?

– Quais são os termos?

– Se lhe agradar, casamento. É o que desejam até mesmo as mulheres mais modernas e independentes. Além disso, mulheres casadas não podem ser obrigadas a depor contra os maridos.

– Que lisonjeiro!

– Ora, Lucy, pare com isso. Não percebe que estou apaixonado por você?

Para sua própria surpresa, Lucy não podia negar uma estranha fascinação no ar. Alfred tinha certo charme, talvez puro magnetismo animal. Ela riu e desvencilhou-se do abraço.

– Não tenho tempo para namoricos. Preciso fazer o jantar.

– Outra qualidade sua, Lucy. Você é uma tremenda cozinheira. O que vamos ter para comer?

– Espere para ver! Você é tão curioso quanto os meninos!

Entraram na casa e Lucy correu para a cozinha. Ficou muito surpresa ao ser interrompida em seus preparativos por Harold Crackenthorpe.

– Srta. Eyelesbarrow, posso falar com a senhorita um instante?

– Pode ser mais tarde, sr. Crackenthorpe? Estou um pouco apurada.

– Com certeza. Depois do jantar?

– Sim, pode ser.

O jantar foi devidamente servido e apreciado. Lucy terminou de lavar a louça e, ao entrar no hall, encontrou Harold Crackenthorpe à sua espera.

– Sim, sr. Crackenthorpe.

– Podemos entrar aqui? – Abriu a porta da sala de estar e entrou primeiro. Esperou ela entrar e fechou a porta.

– Amanhã de manhã volto a Londres – explicou. – Mas quero dizer que fiquei maravilhado com sua capacidade.

– Obrigada – disse Lucy, um pouco surpresa.

– Trabalhar aqui é desperdício de talento. Completo desperdício.

– Acha isso mesmo? Eu não.

Pelo menos, *ele* não pode me pedir em casamento, pensou Lucy. Já é casado.

– Sugiro que, depois de nos ajudar tão gentilmente a passar por essa lastimável crise, a senhorita me procure em Londres. Pode ligar e marcar uma hora. Vou deixar instruções com a secretária. A verdade é que alguém com sua incrível capacidade seria de grande utilidade na empresa. Podemos conversar com calma e ver em que setor seus talentos teriam aplicação mais apropriada. Srta. Eyelesbarrow, posso oferecer um ótimo salário e um plano de carreira. Acho que a senhorita vai ter uma agradável surpresa.

Sorriu magnânimo.

Lucy disse modesta:

– Obrigada, sr. Crackenthorpe. Vou pensar no assunto.

– Não pense demais. Uma oportunidade como essa não deve ser perdida por uma jovem ansiosa para subir na vida.

De novo arreganhou os dentes.

– Boa noite, srta. Eyelesbarrow. Bons sonhos.

– Ora, ora – disse Lucy consigo –, isso tudo é muito interessante...

Quando subia para o quarto, Lucy deparou-se com Cedric na escadaria.

– Lucy, espere um pouco. Preciso falar uma coisa.

– Já sei: quer se casar comigo e me levar para Ibiza?

Cedric pareceu surpreso e um pouco assustado.

– Nunca pensei em algo parecido.

– Desculpe. Falha minha.

– Só queria saber se há uma tabela de horários dos trens aqui em casa.

– Só isso? Na mesa do hall.

– Sabe – falou Cedric em tom de censura –, não deveria ficar pensando que todo mundo quer se casar com você. Não é de se jogar fora, mas não chega a ser um pedaço de mau caminho. Isso tem nome: deixar subir à cabeça e colocar os pés pelas mãos. Na verdade, você é a última garota no mundo com quem eu me casaria. A última.

– Mesmo? – indagou Lucy. – Não precisa me esfregar isso na cara. Prefere então que eu seja sua madrasta?

– Como é que é? – perguntou Cedric a encarando estupefato.

– Você ouviu muito bem – disse Lucy, indo até o seu quarto e fechando a porta.

CAPÍTULO 14

I

Dermot Craddock confraternizava com Armand Dessin, da Chefia de Polícia de Paris. Os dois já se conheciam de outras ocasiões e se davam bem. O francês de Craddock era fluente, por isso a maior parte da conversa foi conduzida nessa língua.

– É só uma possibilidade – alertou Dessin. – Tenho comigo uma foto do corpo de balé. Ela é esta daqui. A quarta da esquerda para direita. Não lhe diz algo?

O inspetor Craddock respondeu que, para falar a verdade, não. Uma jovem estrangulada não é fácil de reconhecer, e naquela foto todas as moças estavam bastante maquiadas e vestiam chapéus espalhafatosos.

– *Poderia* ser – disse ele. – Eu não diria mais do que isso. Quem era ela? O que sabe sobre ela?

– Quase menos que nada – disse o outro em tom de brincadeira. – Bailarina insignificante. E o Balé Maritski... Não é bem o que se pode chamar de famoso. Costuma se apresentar em teatros suburbanos e excursionar. Ninguém de renome, nada de estrelas nem bailarinas famosas. Mas vamos falar com Madame Joilet, a administradora.

Vibrante e talhada para os negócios, Madame Joilet tinha olhos astutos, buço e boa dose de tecido adiposo.

– Detesto a polícia! – Ela fez uma cara feia, sem dissimular o desagrado pela visita. – Sempre pegando no meu pé.

– Que é isso, madame? Não deve dizer essas coisas – contemporizou o alto, magro e melancólico Dessin. – Quando peguei no seu pé?

– Naquela história da bobinha que tomou benzenol – respondeu prontamente Madame Joilet. – E tudo porque ela se apaixonou pelo *chef d'orchestre*, mas ele não gosta de mulher. Tem outras preferências. A polícia fez o maior estardalhaço por causa disso. E publicidade negativa é péssima para meu bonito balé.

– Ao contrário: aumenta a bilheteria – retorquiu Dessin. – E isso foi há três anos. Não deveria levar tudo ao pé da letra. Agora fale sobre essa moça, Anna Stravinska.

– O que há com ela? – indagou Madame Joilet com cautela.

– Russa?

– Claro que não. Quer dizer, por causa do nome? Mas todas as meninas escolhem nomes assim. Não era importante, não dançava bem, nem sequer era especialmente bonita. *Elle était assez bien, c'est tout.* Dançava bem o suficiente para participar do corpo de balé... Mas sem solos.

– Francesa?

– Talvez. Tinha passaporte francês. Mas uma vez ela disse que o marido era inglês.

– Disse que o marido era inglês? Vivo... ou morto?

Madame Joilet deu de ombros.

– Morreu ou a abandonou. Como vou saber? Essas moças... sempre envolvidas com homens...

– Quando a viu pela última vez?

– A companhia esteve em Londres por seis semanas. Shows em Torquay, Bournemouth, Eastbourne, noutro lugar de que agora me esqueço e em Hammersmith. Então voltamos para França, mas Anna ficou por lá. Deixou recado. Abandonou a companhia para morar com a família do marido... Uma bobagem parecida. Eu que não engulo. Aposto que tem homem na história.

O inspetor Craddock assentiu com a cabeça. Percebeu que aquilo era o que Madame Joilet invariavelmente pensaria.

– E não faz nenhuma falta. Pouco se me dá. Consigo dançarinas iguais ou melhores. Então encolho os ombros e não penso mais no assunto. Por que deveria? Essas garotas são todas iguais. Loucas por homem.

– Em que data foi isso?

– Que retornamos para a França? Foi... sim... no domingo antes do Natal. E Anna saiu dois ou três dias antes. Não lembro bem ao certo... Mas no fim de semana em Hammersmith já dançamos sem ela... Tive de fazer certos ajustes... Ela pisou na bola... Mas também essas moças... São todas iguais quando conhecem um homem. Mas estão avisadas. "Se vacilarem comigo, não aceito de volta!"

– Deve ser desagradável para a senhora.

– Ah, eu não me importo!... É claro que ela arranjou um homem para passar o feriado de Natal. Não tenho nada a ver com isso. Posso selecionar outras moças... Que dançam igual ou melhor que Anna. Vão saltitar de alegria pela oportunidade de dançar no Balé Maritski.

Madame Joilet fez uma pausa. Então indagou com repentino interesse:

– Por que a polícia quer encontrá-la? Ela herdou dinheiro?

– Ao contrário – disse o inspetor Craddock com polidez. – Talvez tenha sido vítima de assassinato.

Madame Joilet teve uma recaída de indiferença.

– *Ça se peut!* Acontece. Ah, bem! Ao menos era católica praticante. Ia à missa todo domingo e se confessava.

– Alguma vez ela mencionou ter um filho?

– Um filho? Quer dizer que ela era mãe? Ora, ora, isso não me parece nada provável. Essas meninas, todas... *todas* sabem um endereço útil ao qual recorrer. Monsieur Dessin sabe do que estou falando.

– Ela pode ter tido um filho antes de adotar a vida no palco – disse Craddock. – Durante a guerra, por exemplo.

– *Ah! dans la guerre.* Sempre há essa possibilidade. Mas de qualquer modo não sei de nada.

– Quais eram as amigas mais próximas de Anna entre as moças do balé?

– Posso fornecer dois ou três nomes... Mas ela não era muito ligada a ninguém.

Não conseguiram extrair mais nada de útil de Madame Joilet.

Ao ver o estojo de pó de arroz, contou que Anna tinha um parecido, mas a maioria das outras moças também tinha. Anna talvez tivesse comprado um casaco de pele em Londres – ela não sabia.

– Eu me ocupo com os ensaios, a iluminação do palco, com todos os contratempos de meu ramo de negócios. Não tenho tempo para notar o que meus artistas vestem fora do palco.

Depois de Madame Joilet, interrogaram as moças cujos nomes ela havia fornecido. Duas conheciam Anna razoavelmente, mas todas disseram que ela não costumava falar de si própria. Mas, quando falava, ressaltou uma das moças, mentia pelos cotovelos.

– Ela gostava de fazer de conta... Histórias sobre ter sido amante de duques famosos ou de importantes financistas ingleses... Sobre a participação dela na Resistência. E até mesmo histórias de estrelato em Hollywood.

Outra moça falou:

– Sua rotina era tranquila e burguesa. Gostava de participar do balé porque achava romântico, mas não era boa dançarina. O senhor há de convir que dizer "Meu pai vende tecidos em Amiens" não é nada romântico! Então ela preferia inventar coisas.

– Em Londres mesmo – disse a primeira garota – ela comentou sobre um ricaço que a levaria para uma volta ao mundo num cruzeiro, só porque ela o lembrava da filha que morrera num acidente de carro. *Quelle blague*!

– Para *mim* ela disse que ia para Escócia junto com um lorde cheio da grana – disse a segunda moça. – Disse que ia caçar veados por lá.

Nada disso foi proveitoso. Tudo levava a crer que Anna Stravinska era uma mentirosa compulsiva. Com certeza não estava caçando veados com nobres na Escócia, e parecia igualmente improvável que estivesse no convés de um iate dando a volta ao mundo. Mas também não havia motivo verdadeiro para acreditar que o corpo dela fora achado num sarcófago em Rutherford Hall. A identificação pelas moças e por Madame Joilet foi incerta e vacilante. Parecia-se um pouco com Anna, todas concordaram. Porém, inchada daquele jeito, poderia ser qualquer uma!

Só ficou estabelecido que em 19 de dezembro Anna Stravinska decidira não voltar à França e que em 20 de dezembro uma jovem parecida com ela viajara para Brackhampton no trem das 16h33 e havia sido estrangulada.

Se a mulher no sarcófago não *era* Stravinska, onde estava Anna agora?

A resposta de Madame Joilet foi simples e inevitável:

– Com um homem!

Provavelmente a resposta correta, refletiu Craddock com pesar.

Outra possibilidade precisava ser considerada – levantada pelo comentário casual de Anna sobre um marido britânico.

O marido teria sido Edmund Crackenthorpe?

Parecia improvável, considerando a descrição feita de Anna pelas pessoas que a conheceram. Muito mais provável era que Anna tivesse conhecido Martine com intimidade suficiente para saber dos detalhes necessários. *Poderia* ter sido Anna quem escreveu a carta para Emma Crackenthorpe. Nesse caso, não era de se surpreender que ela tivesse se assustado no caso de uma investigação. Talvez tivesse julgado prudente sair do Balé Maritski. Onde estaria ela agora, a propósito?

E outra vez, inevitavelmente, a resposta de Madame Joilet parecia a mais provável.

Com um homem...

II

Antes de deixar Paris, Craddock discutiu com Dessin a questão da mulher chamada Martine. Dessin estava inclinado a concordar com o colega inglês. Provavelmente, o assunto não tinha conexão com a mulher no sarcófago. Não obstante, também considerava que o caso merecia ser investigado.

Assegurou a Craddock que a Sûreté se esforçaria ao máximo para descobrir se havia realmente algum registro do casamento entre o tenente Edmund Crackenthorpe, do 4º Regimento de Southshire, e uma francesinha chamada Martine. Época: pouco antes da queda de Dunquerque.

Entretanto, alertou Dessin, era melhor não esperar uma resposta definitiva. Aquela região da França havia sido invadida pelos alemães quase na mesma época e sofrera severa destruição. Muitos prédios e documentos haviam sido destruídos.

– Mas fique certo, meu caro colega: faremos o melhor possível.

Com essas palavras, ele e Craddock se despediram.

III

Na volta de Craddock, o sargento Wetherall o aguardava para relatar com deleite melancólico:

– É uma pensão, sir... O tal estabelecimento em 126 Elvers Crescent. Muito respeitável e tudo o mais.

– Alguém a reconheceu?

– Não, ninguém reconheceu a fotografia como a mulher que deu o endereço da pensão como endereço postal. Mas não creio que reconheceriam de qualquer forma. Faz quase um mês, e muita gente se hospeda ali. Na verdade é uma espécie de república de estudantes.

– Ela pode ter se hospedado com outro nome.

– Pode ser, mas a pessoa da foto não foi reconhecida.

E acrescentou:

– Verificamos nos hotéis... Ninguém se registrou com o nome de Martine Crackenthorpe em lugar nenhum. Tão logo recebemos sua ligação de Paris, checamos Anna Stravinska. Esteve registrada com outros membros da companhia num hotel baratinho no subúrbio de Brook Green. A maioria dos hotéis dali recebe companhias teatrais. Ela fez o *check out* na noite de terça-feira, dia 19, após o espetáculo. Sem registro adicional.

Craddock assentiu com a cabeça. Sugeriu uma linha de investigação paralela... Mas sem muita esperança de sucesso.

Depois de meditar um pouco, ligou para Wimborne, Henderson e Carstairs e marcou uma hora com o sr. Wimborne.

No devido tempo, foi introduzido numa sala especialmente mal ventilada. O sr. Wimborne estava sentado atrás de uma antiquada escrivaninha, coberta de feixes de papéis empoeirados. Uma série de fichários rotulados *Espólio de Sir John ffouldes, Lady Derrin, Ilmo. Sr. George Rowbottom* ornava as paredes. O inspetor ficou sem saber se eram relíquias de tempos antigos ou assuntos jurídicos em pauta.

O sr. Wimborne observou o visitante com a peculiar cautela educada que um advogado familiar demonstrava em relação à polícia.

– Em que posso ajudá-lo, inspetor?

– Esta carta... – Craddock empurrou a carta de Martine por cima da mesa. O sr. Wimborne a tocou com um dedo enojado mas não a apanhou. Corou de leve e contraiu os lábios.

– Quem diria – disse. – *Quem* diria! Recebi uma carta de Emma Crackenthorpe ontem pela manhã me informando da visita à Scotland Yard e de... ahn... todas as circunstâncias. Devo dizer que não entendo (não consigo entender) por que não me consultaram sobre esta carta quando ela chegou! *Singularíssimo*! Deviam ter me avisado na mesma hora...

O inspetor Craddock repetiu chavões apaziguadores, estrategicamente calculados para consolar o sr. Wimborne.

– Não tinha ideia de que Edmund podia ter se casado – disse o sr. Wimborne numa voz ofendida.

O inspetor Craddock disse que o suposto casamento fora na época da guerra e... sua voz foi sumindo devagar.

– Na época da guerra! – retrucou o sr. Wimborne com irritada amargura. – Sim, nosso escritório ficava perto do parque Lincoln's Inn Fields no irromper da guerra, e caiu uma bomba no prédio ao lado. Boa parte de nossos registros se perdeu. Claro, os documentos importantes haviam sido removidos do país por segurança. Mas mesmo assim a confusão foi enorme. Na época, meu pai cuidava da assessoria jurídica dos Crackenthorpe. Ele morreu há seis anos. Ouso dizer que *ele* talvez soubesse de algo sobre esse suposto casamento de Edmund... Mas, pelo que se vê, o casamento ficou só na promessa. Por isso, meu pai não deu importância à história. Devo dizer, tudo isso me soa deveras suspeito. Trazer o assunto à tona, depois de todos esses anos, alegando casamento e filho legítimo. Deveras suspeito, sem dúvida. Que provas ela tem, quero saber?

– Pois é – disse Craddock. – Qual seria a posição dela, ou a posição do filho dela?

– A ideia, suponho, era conseguir suporte financeiro dos Crackenthorpe para ela e o menino.

– Sim, mas quais seriam os direitos dela e do filho, caso ela conseguisse provar a alegação?

– Ah, entendi. – O sr. Wimborne pegou os óculos que ele havia tirado devido à irritação e os colocou outra vez, fitando através deles o inspetor Craddock com atenção arguta. – Bem, de momento, nada. Mas se ela conseguisse provar que o filho era de Edmund Crackenthorpe, nascido em matrimônio dentro da lei, então o menino teria direito à sua fatia da fortuna de Josiah Crackenthorpe, quando Luther Crackenthorpe morresse. Além disso, herdaria Rutherford Hall, por ser filho do primogênito.

– Alguém gostaria de herdar a propriedade?

– Para morar? Com certeza não. Mas aquelas terras, meu prezado inspetor, têm alto valor imobiliário. Uma quantia considerável. Terra para empreendimentos industriais e habitacionais. Bem no coração de Brackhampton. Ah, sim, uma herança bem considerável.

– Com a morte de Luther Crackenthorpe, quem fica com a terra é Cedric?

– Sim. Na condição de filho mais velho com vida, ele herda a propriedade.

– Cedric Crackenthorpe, pelo que tenho sido levado a crer, não se interessa por dinheiro, não é?

O sr. Wimborne mirou Craddock com frieza.

– Mesmo? De minha parte, considero afirmações dessa natureza com certa precaução. Até prova em contrário, duvido muito que existam pessoas altruístas e indiferentes ao dinheiro. Pessoalmente, não conheço nenhuma.

Era óbvia a satisfação do sr. Wimborne por ter feito esse comentário.

Sem demora o inspetor Craddock aproveitou a brecha.

– Harold e Alfred Crackenthorpe – arriscou ele – ficaram preocupados com a chegada dessa carta?

– Bem provável – afirmou o sr. Wimborne. – Bem provável.

– Reduziria a eventual herança?

– Com certeza. O filho de Edmund Crackenthorpe (se é que existe um filho) teria direito à quinta parte do dinheiro sob custódia.

– O que não vem a ser uma perda muito séria.

O sr. Wimborne lançou-lhe um olhar perspicaz.

– Em hipótese alguma seria motivo para matar alguém, se é isso que o senhor quer dizer.

– Mas calculo que os dois estejam precisando de dinheiro – murmurou Craddock.

Sustentou o olhar severo do sr. Wimborne com plena indiferença.

– Ah! Então a polícia andou fazendo investigações? Sim, Alfred está quase sempre em maus lençóis. De vez em quando ganha um bom dinheiro que logo se vai. Harold, como parece que o senhor descobriu, atualmente não está bem das pernas.

– Apesar da aparência de prosperidade financeira?

– Fachada. Tudo fachada! Metade dessas empresas financeiras nem percebem quando estão falidas. Balanços podem parecer normais a olhos leigos. Mas se os ativos listados na verdade inexistem ou se equilibram na corda bamba, à beira do desastre, qual é a situação?

– A situação em que Harold Crackenthorpe se encontra: com a corda no pescoço.

– Mas é certo que ele não ia conseguir dinheiro estrangulando a viúva do irmão falecido – disse o sr. Wimborne. – E ninguém matou Luther Crackenthorpe, o único assassinato que poderia ser vantajoso para alguém da família. Francamente, inspetor, eu não sei onde o senhor quer chegar.

E o pior era que nem ele próprio sabia.

Capítulo 15

I

O inspetor Craddock marcara um encontro com Harold Crackenthorpe no escritório dele no centro financeiro. Ele e o sargento Wetherall chegaram na hora marcada. O escritório ficava no quarto andar de um grande conjunto comercial. Tudo no interior do prédio transparecia prosperidade; o suprassumo do moderno gosto empresarial.

Uma distinta recepcionista perguntou seu nome e falou num murmúrio discreto ao telefone. Então se levantou e os conduziu ao gabinete particular de Harold Crackenthorpe.

Sentado atrás da grande escrivaninha com tampo em couro, Harold nunca pareceu tão autoconfiante e irrepreensível. Se ele, como a investigação confidencial levava o inspetor a suspeitar, estava na rua da amargura, não demonstrava nem um pouco.

Levantou os olhos num franco interesse de boas-vindas.

– Bom dia, inspetor Craddock. Espero que sua visita signifique enfim notícias positivas para nós.

– Bom se fosse, sr. Crackenthorpe. Só queremos fazer mais umas perguntas.

– Mais perguntas? Sem dúvida a esta altura já respondemos a tudo imaginável.

– O senhor pode ter essa impressão, mas para nós é questão de rotina.

– Bem, o que é desta vez? – indagou impaciente.

– Eu ficaria contente se o senhor pudesse descrever com exatidão as suas atividades durante a tarde e a noite do dia 20 de dezembro último... Digamos entre três da tarde e meia-noite.

O rosto de Harold Crackenthorpe ficou branco de cólera.

– Parece-me uma pergunta bastante singular para ser feita a alguém como eu. Posso saber o que significa?

Craddock sorriu suavemente.

– Significa apenas que eu gostaria de saber onde o senhor estava no período entre três da tarde e meia-noite da sexta-feira, dia 20 de dezembro.

– Por quê?

– Ajudaria a reduzir as possibilidades.

– Reduzir as possibilidades? Então os senhores têm novas informações?

– Acreditamos ter avançado um pouco, sir.

– Não tenho certeza se devo responder a sua pergunta. Pelo menos sem a presença de meu advogado.

– Isso, é claro, fica a seu critério – disse Craddock. – O senhor não é obrigado a responder nada e tem todo o direito de responder na presença do seu advogado.

– Isso não é... deixe-me ser bem claro... ahn... uma espécie de aviso?

– Ah, não, sir – contemporizou o inspetor Craddock, apropriadamente chocado. – Longe disso. As perguntas que estou lhe fazendo são as mesmas que faço para todos. Não há nada de pessoal nisso. Só uma questão de fazer as eliminações necessárias.

– Bem, é claro... Faço questão de ajudar no que estiver a meu alcance. Deixe-me ver agora. Uma coisa dessas não é fácil de responder de improviso, mas aqui somos sistemáticos. Acho que a srta. Ellis pode nos ajudar.

Falou rápido em um dos telefones na mesa, e segundos depois uma jovem longilínea num elegante traje escuro entrou de caderno na mão.

– Minha secretária, srta. Ellis, inspetor Craddock. Muito bem, srta. Ellis, o inspetor quer saber o que eu estava fazendo na tarde e na noite de... qual data, mesmo?

– Sexta-feira, 20 de dezembro.

– Sexta-feira, 20 de dezembro. Espero que a senhorita tenha algum registro.

– Ah, sim. – A srta. Ellis saiu da sala; retornou com uma agenda e foi virando as páginas.

– O senhor esteve no escritório na manhã do dia 20. Reuniu-se com o sr. Goldie sobre a fusão da Cromartie. Depois foi almoçar com Lord Forthville no Berkeley...

– Ah, é verdade, foi nesse dia.

– O senhor retornou ao escritório perto das três da tarde e ditou meia dúzia de cartas. Então saiu para ir ao leilão da Sotheby's. O senhor estava interessado em alguns manuscritos raros que seriam vendidos naquele dia. Não voltou para o escritório de novo, mas me pediu para lembrá-lo de um jantar no Catering Club àquela noite. – Ergueu um olhar indagador.

– Obrigado, srta. Ellis.

A srta. Ellis deslizou para fora da sala.

– Agora tudo clareou em minha mente – disse Harold. – Naquela tarde fui até a Sotheby's, mas os itens que eu queria alcançaram preços muito elevados. Tomei chá num simpático lugarzinho na Jermyn Street... Russells, se não me engano. Entrei num cinema de notícias por mais ou menos meia hora e então fui para casa. Moro em 43 Cardigan Gardens. O jantar no Catering Club aconteceu por volta das sete e meia no Caterer's Hall. Depois do jantar voltei para casa e fui dormir. Acho que isso responde sua pergunta.

– Perfeitamente, sr. Crackenthorpe. Que horas eram quando o senhor esteve em casa para trocar de roupa?

– Acho que não consigo lembrar a hora certa. Pouco depois das seis, eu diria.

– E depois do jantar?

– Devia ser umas onze e meia quando cheguei em casa.

– O seu criado abriu a porta? Ou talvez Lady Alice Crackenthorpe...

– Minha esposa, Lady Alice, está no sul da França desde o começo de dezembro. Entrei em casa com a minha chave.

– Então ninguém pode confirmar que o senhor voltou para casa no horário que afirma ter voltado?

Harold mirou-o com frieza.

– Diria que os empregados me ouviram chegando. Marido e mulher. Mas, francamente, inspetor...

– Por favor, sr. Crackenthorpe. Sei que esse tipo de pergunta incomoda, mas estou quase acabando. O senhor tem carro próprio?

– Sim, um Humber Hawk.

– O senhor mesmo dirige?

– Sim. Não saio muito de carro, à exceção dos fins de semana. O trânsito de Londres é um inferno hoje em dia.

– Imagino que o senhor o utilize quando vai a Brackhampton visitar seu pai e sua irmã.

– Não, a menos que vá ficar alguns dias. Quando só vou passar a noite (como, por exemplo, para o inquérito) sempre vou de trem. O serviço é excelente e bem mais rápido do que ir de carro. Emma contrata um carro para me esperar na estação.

– Onde o senhor deixa seu carro?

– Alugo uma garagem na antiga estrebaria nos fundos de Cardigan Gardens. Mais alguma pergunta?

– Por enquanto é só – disse o inspetor Craddock, sorrindo e levantando-se. – Desculpe o incômodo.

Quando estavam na rua, o sargento Wetherall, que suspeitava até da própria sombra, observou de modo significativo:

– Ele não *gostou* daquelas perguntas... Não gostou nem um pouco. Ficou indignado.

– Se você não cometeu assassinato, é natural ficar chateado quando parece que alguém pensa que você cometeu – disse o inspetor Craddock em tom suave. – Em especial incomodaria uma pessoa super-respeitável como Harold Crackenthorpe. Quanto a isso não há nada errado. O que precisamos descobrir agora é se alguém realmente viu Harold Crackenthorpe no leilão daquela tarde, e o mesmo se aplica ao lugar onde ele tomou chá. Poderia facilmente ter viajado no trem das 16h33, jogado a mulher para fora do trem e pego um trem de volta a Londres a tempo de aparecer no jantar. Também poderia ter guiado até lá durante a noite, arrastado o corpo até o sarcófago e retornado de carro. Investigue na garagem.

– Sim, senhor. Pensa que foi ele?

– Como vou saber? – indagou o inspetor Craddock. – É alto e moreno. *Poderia* estar no trem e tem conexão com Rutherford Hall. É um dos suspeitos nesse caso. Agora vamos falar com Alfred.

II

Alfred Crackenthorpe morava num apartamento em West Hampstead. O prédio grande e moderno, do tipo construído a toque de caixa, tinha um pátio enorme, onde os proprietários dos apartamentos estacionavam seus carros com certa falta de consideração pelos outros.

O interior era moderno, com armários embutidos. O imóvel claramente havia sido alugado com mobília e tudo. Tinha uma comprida mesa de madeira compensada encostada à parede, um divã e várias cadeiras de proporções bizarras.

Alfred Crackenthorpe os recebeu com afabilidade cativante, mas o inspetor percebeu certo nervosismo.

– Estou intrigado – disse ele. – Aceita um drinque, inspetor Craddock? – mostrou várias garrafas de modo convidativo.

– Não, obrigado, sr. Crackenthorpe.

– É assim tão grave? – riu do gracejo e perguntou o motivo da visita.

O inspetor Craddock foi direto ao assunto.

– O que eu fiz na tarde e na noite de 20 de dezembro... Como saberia? Ora, isso faz... mais de três de semanas.

– O seu irmão Harold conseguiu nos informar com exatidão.

– O mano Harold, talvez. Mas não o mano Alfred. – E acrescentou, com um quê de... talvez maldade invejosa: – Harold é o mais bem-sucedido membro da família... Ocupado, útil, emprego em tempo integral... Horário para tudo e tudo com horário. Até mesmo se ele fosse cometer um... posso dizer assassinato?... seria cronometrado com cuidado e precisão.

– Alguma razão em particular para dar esse exemplo?

– Ah, não. Só passou pela minha cabeça... Nada além de um disparate supremo.

– E quanto ao senhor?

Alfred abriu os braços.

– É como eu lhe disse... não tenho memória para horários nem lugares. Se o senhor me perguntasse sobre o dia de Natal... daí eu *seria* capaz de responder... há um ponto de referência para a gente lembrar. Sei onde estava no Natal. Passei o Natal com meu pai em Brackhampton. Nem sei por quê. Ele reclama das despesas que geramos... E se não fôssemos, ele reclamaria que nunca o visitamos. Vamos mais para agradar minha irmã.

– E o senhor foi neste ano?

– Sim.

– Mas infelizmente o seu pai passou mal, não foi?

Craddock seguia uma linha alternativa de modo deliberado, conduzido pelo instinto que com frequência lhe vinha no exercício da profissão.

– Ficou mal do estômago. Só podia. Come que nem um passarinho (tudo pela gloriosa causa da economia) e de uma hora para outra se empanturra de comida e bebida.

– Foi só isso?

– Claro. O que mais seria?

– Parece que o médico ficou... preocupado.

– Ah, o velho Quimper, aquele imbecil – falou Alfred com rapidez e desdém. – Não vale a pena escutá-lo, inspetor. Ele costuma fazer tempestade em copo d'água.

– Mesmo? Tive a impressão de ser um homem bastante sensato.

– É um idiota, sem tirar nem pôr. O pai não é inválido, não há nada de errado com seu coração, mas ele enrola o dr. Quimper completamente. Então, quando o pai ficou doente de verdade, ele fez um estardalhaço. Quimper chegou todo atarantado, fazendo perguntas, querendo saber o que ele havia comido e bebido. A coisa toda foi patética!

Alfred falou com uma cólera incomum. Craddock ficou calado um instante e conseguiu seu intento. Alfred inquietou-se, relanceou-lhe um olhar rápido e então disse com petulância:

– Bem, *o que* está acontecendo aqui? Por que o interesse em saber onde eu estava numa sexta-feira específica, há três ou quatro semanas?

– Então lembra que era uma sexta-feira?

– Acho que o senhor mencionou.

– Talvez tenha mencionado – disse o inspetor Craddock. – De qualquer forma, estamos falando da sexta-feira dia 20.

– Por quê?

– Investigação de rotina.

– Bobagem. Descobriram algo sobre essa mulher? Sobre sua origem?

– As informações ainda são desencontradas.

Alfred lançou-lhe um olhar mordaz.

– Espero que a polícia não tenha acreditado naquela teoria maluca de Emma, que a morta poderia ser a viúva de meu irmão Edmund. É uma tolice sem igual.

– Essa... Martine... entrou em contato com o senhor?

– Comigo? Meu bom Deus, não! Seria engraçado.

– Acha mais provável ela ter procurado o seu irmão Harold?

– Bem mais provável. O nome dele volta e meia aparece nos jornais. Ele é rico. Eu não ficaria surpreso se ela tivesse tentado se aproximar dele. Não que fosse conseguir alguma coisa. Harold é tão mão de vaca quanto o velho. Claro, Emma é o coração mole da família, e Edmund era seu irmão favorito. Mas Emma tem senso crítico. Estava bem ciente da possibilidade de essa mulher ser uma impostora. Deixou tudo arranjado para que toda a família estivesse lá... e também um sisudo advogado.

– Muito prudente – disse Craddock. – Havia data definida para esse encontro?

– Ia ser logo depois do Natal... O fim de semana do dia 27 – ele parou.

– Ah – comentou Craddock em tom agradável. – Vejo que lembra de algumas datas.

– Eu lhe disse, não havia data certa.

– Mas vocês falaram em fazer... quando?

– Não consigo lembrar.

– E não consegue dizer o que estava fazendo na sexta-feira dia 20 de dezembro?

– Sinto muito... me deu um branco total.

– Não tem agenda para anotar os compromissos?

– Não me adapto a essas coisas.

– A sexta-feira antes do Natal... não deve ser tão difícil assim.

– Numa sexta joguei golfe com um possível sócio. – Alfred balançou a cabeça. – Não, isso foi na semana anterior. O mais certo é que eu tenha ficado apenas perambulando. Faço isso boa parte do meu tempo. Percebi que a maior parte dos negócios é fechada nos bares, não em escritórios.

– Talvez as pessoas daqui, ou alguns de seus amigos, sejam capazes de ajudar?

– Talvez. Vou perguntar a eles. Farei o possível.

Agora Alfred parecia mais seguro de si.

– Não posso afirmar o que estava fazendo naquele dia – disse ele –, mas posso afirmar o que eu *não* estava fazendo. Não estava estrangulando alguém no celeiro grande.

– Por que o senhor disse isso, sr. Crackenthorpe?

– Ah, meu caro inspetor, vamos lá. O senhor está investigando esse crime, não está? E quando começa a perguntar "Onde o senhor estava em dia tal na hora tal" busca eliminar suspeitos. O que eu gostaria mesmo de saber é por que exatamente a sexta-feira dia 20 entre... qual período mesmo? Meio-dia e meia-noite? Não pode ser prova médica, não depois de todo esse tempo. Alguém viu a morta entrando sorrateira no celeiro àquela tarde? Entrou e não saiu, coisa do tipo? É isso?

Dois olhos negros e mordazes encararam minuciosamente o inspetor Craddock. Mas ele tinha experiência suficiente para não cair nesse tipo de armadilha.

– Receio que vai ter de adivinhar – disse em tom aprazível.

– A polícia é tão sigilosa.

– Não apenas a polícia. Acho, sr. Crackenthorpe, que se o senhor fizesse um esforço *poderia* lembrar-se do que andou fazendo naquela sexta. Claro que o senhor pode ter razões para não querer lembrar...

– Não vai me pegar assim, inspetor. Claro, é muito suspeito, muito suspeito mesmo, que eu não consiga lembrar... Mas espere um pouco! Naquela semana fui para Leeds... Fiquei num hotel perto da prefeitura... Não lembro o nome... Mas os senhores vão achar com facilidade. Isso *pode* ter sido na sexta-feira.

– Vamos checar – disse o inspetor, imperturbável, erguendo-se. – É uma pena que o senhor não tenha sido mais colaborativo.

– Azar o *meu*! Cedric tem álibi garantido em Ibiza. Harold, com certeza, sempre envolvido em compromissos, negócios e jantares sociais. E eu aqui, sem álibi nenhum. Que tristeza. E tudo tão idiota. Já lhes disse que não costumo matar pessoas. E por que mataria uma desconhecida, a propósito? Por que motivo? Mesmo que o cadáver *seja* da viúva de Edmund, por que um de nós desejaria acabar com ela? Por outro lado, se ela tivesse se casado com *Harold* na guerra e de repente tivesse aparecido... Aí então seria embaraçoso para o respeitável Harold... Bigamia e tudo o mais. Mas Edmund! Ora, todos nós teríamos *apreciado* ver o pai abrir um pouco a mão e dar uma pensão para ela mandar o menino a um bom colégio. Ele ficaria furioso, mas não poderia negar, em nome da decência. Aceita um drinque antes de ir, inspetor? Tem certeza? Desculpe não poder ajudá-lo.

III

– Sir, sabe duma coisa?

O inspetor Craddock mirou seu empolgado sargento.

– Pode falar, Wetherall.

– Reconheci esse cara, sir. Durante todo o tempo fiquei tentando lembrar e de repente me veio. Envolveu-se naquela maracutaia da comida enlatada com o Dicky Rogers. Nunca provamos nada contra ele... Nunca deixa o rabo preso. Também tem ligações com a barra pesada de Soho. Relógios e aquele caso do soberano italiano.

Claro! Craddock percebeu então por que o rosto de Alfred lhe parecera vagamente familiar desde o princípio. Sempre coisas pequenas... Nada que pudesse ser provado. Alfred sempre se metia em falcatruas com desculpas verossímeis de inocência. Mas a polícia tinha certeza de que esses negócios lhe davam uma renda pequena, mas constante.

– Agora as coisas ficam mais claras – disse Craddock.

– Pensa que ele é o assassino?

– Não diria que ele é do tipo capaz de matar. Mas isso explica outras coisas... O motivo pelo qual não apresentou álibi.

– Sim, ficou péssimo para ele.

– Na verdade, não – falou Craddock. – Não deixa de ser uma linha inteligente... afirmar que não se lembra. Muita gente não consegue se lembrar do que fez nem onde estava há uma semana. Em especial, a estratégia é útil se você não quer chamar a atenção à sua rotina... Por exemplo, encontros interessantes em paradas de caminhoneiros com a turma do Dicky Rogers.

– Então pensa que ele está limpo?

– Por enquanto ainda não estou preparado para pensar que ninguém está limpo – concluiu o inspetor Craddock. – Vamos trabalhar em cima disso, Wetherall.

Sentado atrás da mesa, de cenho carregado, Craddock rabiscava no bloco à sua frente.

Assassino (escreveu ele)... *Moreno alto!*

Vítima?... Pode ser Martine, namorada ou viúva de Edmund Crackenthorpe.

Ou

Pode ser Anna Stravinska. Saiu de circulação na mesma época, idade e aparência conferem, a roupa também etc. Nenhuma conexão com Rutherford Hall até onde se sabe.

Pode ser a primeira esposa de Harold... Bigamia!

Pode ser a amante de Harold... Chantagem!

Em conexão com Alfred, pode ser chantagem. Sabia de algo que o levaria a entrar em cana?

Cedric... Possíveis ligações com a vítima no estrangeiro... Paris? Ilhas Baleares?

Ou

Vítima pode ser Anna S. se fazendo passar por Martine.

Ou

Vítima desconhecida assassinada por um desconhecido!

– E esta última é mais provável – falou Craddock em voz alta.

Refletiu sobre a situação com tristeza. Não era possível avançar num caso a menos que descobrisse o motivo. Todos os motivos sugeridos até o momento pareciam inapropriados ou fantasiosos.

Mas se a vítima tivesse sido o velho sr. Crackenthorpe... Não faltariam motivos...

Lembrou-se de um detalhe...

Voltou a escrever no bloco de apontamentos.

Perguntar ao doutor Q. sobre o mal-estar no Natal.

Cedric – álibi.

Consultar Miss M. sobre as fofocas mais recentes.

Capítulo 16

Quando Craddock chegou ao número 4 da Madison Road, encontrou Lucy Eyelesbarrow com Miss Marple.

Hesitou por um segundo em seu plano de ações e então decidiu que Lucy poderia ser uma preciosa aliada.

Depois das saudações, ele solenemente sacou a carteira, pegou três cédulas de uma libra, acrescentou três xelins, colocou o dinheiro em cima da mesa e empurrou em direção a Miss Marple.

– O que vem a ser isso, inspetor?

– Honorários. A senhora é especialista... em assassinatos! Pulso, temperatura, reações locais e causas primárias do crime. Sou apenas o atucanado e exausto clínico geral da aldeia.

Miss Marple o fitou e deu uma piscadela de olho. Ele abriu um sorrisinho. Lucy Eyelesbarrow soltou um leve suspiro e então deu uma risada.

– Puxa, inspetor Craddock... O senhor é humano, afinal.

– Pois é... Não estou estritamente a serviço hoje à tarde.

– Como havia lhe contado, o inspetor e eu já nos conhecíamos – reiterou Miss Marple a Lucy. – Ele é afilhado de Sir Henry Clithering... Meu amigo há longa data.

– Quer saber, srta. Eyelesbarrow, o que meu padrinho falou sobre ela... no dia em que fomos apresentados? Descreveu-a como a investigadora mais requintada já fabricada por Deus. Talento natural cultivado em solo fértil. Recomendou-me nunca desprezar as – Dermot Craddock fez ligeira pausa a fim de pensar num sinônimo para "velhuscas gaiatas" – velhinhas sapecas. Garantiu-me que elas quase sempre conseguem definir o que *pode* ter acontecido, o que deve ter acontecido e até mesmo o que aconteceu *de verdade*! E – emendou – são capazes de dizer *por que* aconteceu. Afirmou que nesse particular as... hum... velhinhas são imbatíveis.

– Puxa! – exclamou Lucy. – Parece ser um ótimo depoimento.

Miss Marple ficou vermelha, confusa e pareceu hesitante como nunca.

– Ah, o adorável Sir Henry – murmurou ela. – Sempre tão cavalheiro. Na verdade, não sou inteligente... Talvez tenha apenas um *tênue* conhecimento da natureza humana... Também, morando numa *aldeia*...

Acrescentou com mais serenidade:

– Claro, estou em certa desvantagem por não acompanhar as coisas de perto. É tão útil, sempre tenho impressão, quando as pessoas nos lembram de alguém conhecido... Pois os tipos de personalidades são semelhantes, e isso acaba se tornando um guia valioso.

Lucy pareceu um pouco desconcertada, mas Craddock assentiu compreensivamente.

– Mas a senhora não esteve lá tomando chá? – indagou.

– Sim, é verdade. Agradabilíssimo. Fiquei um pouco decepcionada por não ter conhecido o velho sr. Crackenthorpe... mas nem tudo é perfeito.

– Pensa que se tivesse visto a pessoa que cometeu o assassinato saberia que foi ela? – quis saber Lucy.

– Ah, não diria *isso*, querida. Nossa tendência é tentar adivinhar... e adivinhações são bastante inoportunas quando o assunto é algo tão sério quanto assassinato. Tudo o que a gente pode fazer é observar os envolvidos (ou possíveis envolvidos) e ver com quem se parecem.

– Como Cedric e o gerente do banco?

Miss Marple a corrigiu.

– O *filho* do gerente de banco, querida. O próprio sr. Eade lembra mais o sr. Harold... Conservador até o tutano dos ossos... Talvez um pouco apegado ao dinheiro... O tipo de homem capaz de tudo para evitar um escândalo.

Craddock sorriu e disse:

– E Alfred?

– O Jenkins da oficina – respondeu Miss Marple sem pestanejar. – Na verdade ele não se apropriava de ferramentas, mas costumava pegar um macaco bom e deixava no lugar um estragado ou de qualidade inferior. E acredito que ele não era muito honesto com as baterias... Mas, para ser sincera, não entendo muito dessas coisas. Sei que Raymond deixou de fazer negócios com ele e começou a levar o carro na oficina da estrada de Milchester. Quanto a Emma – continuou Miss Marple pensativa –, é bem parecida com Geraldine Webb (sempre quietinha e desarrumada), tiranizada pela velha mãe. Quando ninguém esperava, a mãe faleceu. Geraldine herdou um bom dinheiro, foi ao instituto de beleza, cortou o cabelo, fez permanente e embarcou num cruzeiro. Voltou casada com um bonito advogado. Tiveram dois filhos. Uma surpresa e tanto.

O paralelo era bem claro. Lucy perguntou, inquieta:

– Acha que fez bem em comentar aquilo sobre Emma se casar? Os irmãos dela não gostaram nem um pouco.

Miss Marple assentiu.

– Sim – disse ela. – Isso é tão masculino... Não enxergar o que está bem na frente do nariz. Pelo jeito, nem você tinha notado.

– Não – admitiu Lucy. – Isso nunca passou pela minha cabeça. Os dois me pareciam...

– Tão velhos? – perguntou Miss Marple com um sorriso tímido. – Mas o dr. Quimper não tem muito mais de quarenta anos, eu diria, embora esteja ficando grisalho nas têmporas, e está na cara que deseja formar um lar. Emma, por sua vez, tem menos de quarenta...

Não está velha demais para se casar e formar família. A esposa do doutor morreu bem nova dando à luz, pelo que me contaram.

– Acredito que sim. Emma falou algo sobre isso um dia desses.

– Ele deve se sentir só – continuou Miss Marple. – Médicos zelosos e atarefados precisam de esposas compreensivas... E não muito novas.

– Me diga, querida – ponderou Lucy –, estamos investigando um crime ou arranjando casamentos?

Miss Marple sorriu com os olhos.

– Receio ser muito romântica. Talvez porque eu seja uma solteirona. Sabe, Lucy querida, até onde me diz respeito você cumpriu nosso contrato. Se quer mesmo tirar umas férias no exterior antes de começar o próximo trabalho, você ainda teria tempo para uma viagem curta.

– E abandonar Rutherford Hall? Nunca! A esta altura tornei-me detetive até embaixo d'água. Quase tão obcecada quanto os meninos. Eles passam o tempo todo procurando pistas. Ontem vasculharam até nas latas de lixo. Muito anti-higiênico... E não têm a mínima ideia do que procuram. Inspetor Craddock, se eles chegarem eufóricos para falar com o senhor, mostrando um pedaço de papel com um bilhete do tipo "*Martine... se você dá valor à sua vida fique longe do celeiro grande!*", pode saber que eu fiquei com pena deles e plantei a pista no chiqueiro!

– Por que no chiqueiro, querida? – indagou Miss Marple com interesse. – Eles criam porcos?

– Ah, não, hoje em dia não mais. Apenas... vou lá de vez em quando.

Por alguma razão Lucy enrubesceu. Miss Marple a encarou com interesse redobrado.

– Quem está na casa agora? – perguntou Craddock.

– Cedric. Bryan vem passar o fim de semana. Harold e Alfred chegam amanhã. Telefonaram hoje de manhã.

Não sei por que, mas tive a impressão de que você os deixou em polvorosa, inspetor Craddock.

– Provoquei-os um pouquinho. Pedi que informassem seus movimentos na sexta-feira, dia 20 de dezembro.

– E eles conseguiram?

– Harold conseguiu. Mas Alfred não conseguiu... Ou não quis conseguir.

– Acho que álibis devem ser terrivelmente difíceis – disse Lucy. – Lugares, datas e horários. Deve ser duro checar tudo.

– Exige tempo e paciência... Mas damos um jeito. – Consultou o relógio de pulso. – Estou indo agora até Rutherford Hall ter uma conversa com Cedric, mas primeiro queria conversar com o dr. Quimper.

– Vai chegar na hora certa. Ele costuma operar às seis. Em geral, meia hora depois está livre. Eu preciso voltar e fazer o jantar.

– Gostaria de ouvir a sua opinião sobre uma coisa, srta. Eyelesbarrow. Qual o ponto de vista familiar sobre a questão dessa Martine... lá entre eles?

Lucy respondeu na mesma hora.

– Todos estão furiosos com Emma por ter contado ao senhor... E com o dr. Quimper. Ao que consta, ele a incentivou a fazê-lo. Harold e Alfred pensam que era um engodo. Emma não tem certeza. Cedric também acha que era uma farsa, mas não leva tão a sério como os outros dois. Por outro lado, Bryan acredita piamente na autenticidade da história.

– Por que será?

– Bem, é o jeito de Bryan. Nunca desconfia que exista algo por trás das coisas. Pensa que foi a mulher de Edmund (ou, melhor dizendo, a viúva) que escreveu, depois teve de retornar de repente à França, mas vai voltar a entrar em contato. O fato de ela não ter escrito nem tentado se comunicar até agora lhe parece bastante natural, já que ele próprio não costuma escrever cartas. Bryan é um anjo. Parece um cachorrinho carente querendo ser levado para passear.

– E você o leva para passear, querida? – indagou Miss Marple. – Até o chiqueiro, quem sabe?

Lucy lançou a ela um olhar incisivo.

– Tantos cavalheiros em casa, indo e vindo – cismou Miss Marple.

Sempre que Miss Marple dizia "cavalheiros" dava realce ao sabor vitoriano da palavra – ecos de uma época dourada. Logo vinha à mente do interlocutor a imagem de homens audazes e vigorosos (provavelmente com suíças), às vezes perversos, mas sempre galanteadores.

– Que moça linda é você... – continuou Miss Marple, olhando Lucy de modo apreciativo. – Devem estar lhe cercando de atenções, não é?

Lucy ruborizou de leve. Fragmentos de lembranças passaram em sua mente. Cedric escorado na parede do chiqueiro. Bryan sentado tristonho à mesa da cozinha. Alfred ajudando a pegar as xícaras de café e roçando os dedos em sua pele.

– Cavalheiros – disse Miss Marple, numa inflexão de quem fala de uma espécie alienígena e perigosa – são todos semelhantes em certos aspectos... Mesmo se já estão bem *velhos*...

– Querida – exclamou Lucy. – Sem dúvida, há cem anos a senhora seria queimada na fogueira por bruxaria!

E contou a história da proposta de casamento do velho sr. Crackenthorpe.

– Na verdade – disse Lucy –, todos de certo modo deram passos em minha direção. Harold foi muito correto: um vantajoso cargo administrativo no centro financeiro. Não acredito que me acham atraente... Devem pensar que eu sei de algo.

Ela riu.

Mas o inspetor Craddock não riu.

– Tenha cuidado – alertou ele. – Podem lhe matar em vez de lhe cortejar.

– Imagino que seria mais simples – concordou Lucy. Então estremeceu de leve.

– A gente se esquece – disse ela. – Os meninos têm se divertido tanto que a gente começa a pensar que tudo não passa de brincadeira. Mas não.

– Não – concordou Miss Marple. – Assassinato não é brincadeira.

Permaneceu em silêncio por um instante e indagou:

– Os meninos não voltam logo para escola?

– Sim, semana que vem. Amanhã eles vão para a casa de James Stoddart-West passar o fim das férias.

– Fico contente – afirmou Miss Marple com seriedade. – Não gostaria que algo acontecesse enquanto eles estivessem lá.

– A senhora se refere ao velho sr. Crackenthorpe? Pensa que ele *será* a próxima vítima?

– Ah, não – disse Miss Marple. – Ele vai ficar bem. Quero dizer com os meninos.

– Os meninos?

– Bem, com Alexander.

– Mas com certeza...

– Ficar investigando, sabe... procurando pistas. Meninos adoram esse tipo de coisa... mas pode ser perigoso.

Craddock fitou-a, pensativo.

– Não está preparada para acreditar, não é, Miss Marple, que o caso envolve uma desconhecida assassinada por um desconhecido? Há uma conexão decisiva com Rutherford Hall?

– Penso que há uma conexão decisiva, sim.

– Tudo que sabemos é que o assassino é alto e moreno. É isso que a sua amiga afirma e tudo que ela consegue afirmar. Existem três morenos altos em Rutherford Hall. Sabe, no dia do inquérito, quando saí do tribunal, os três irmãos estavam na calçada esperando o carro estacionar. Os três estavam de costas para mim, com seus pesados sobretudos. Semelhança espantosa. *Três morenos altos.* Mas, na verdade, três personalidades bem distintas. – Ele suspirou. – Isso torna tudo tão difícil.

– Imagino – murmurou Miss Marple. – Imagino... Talvez tudo seja *mais simples* do que supomos. Assassinatos, em geral, são muito simples... Com motivo óbvio e torpe...

– Miss Marple, a senhora acredita na existência da misteriosa Martine?

– É bem verossímil que Edmund Crackenthorpe tenha se casado, ou pretendido se casar, com uma jovem chamada Martine. Emma Crackenthorpe lhe mostrou a carta, pelo que sei. Tomando por base minhas observações e o que Lucy me conta, eu diria que Emma Crackenthorpe não seria capaz de inventar uma coisa dessas... Por que faria isso, afinal?

– Então, se a morta fosse mesmo Martine – opinou Craddock, pensativo –, *haveria* um bom motivo. O reaparecimento de Martine com um filho diminuiria a herança dos Crackenthorpe... Mas, alguém pode pensar, dificilmente a ponto de justificar assassinato. Mesmo que todos estejam em apuros financeiros...

– Até Harold? – indagou Lucy, incrédula.

– Até mesmo Harold Crackenthorpe não é o homem de negócios sensato e conservador que se presume. Apesar da aparência de prosperidade, está atolado em dívidas. Anda envolvido em empreendimentos de alto risco. Só uma grande quantia de dinheiro pode evitar a falência iminente.

– Neste caso... – começou Lucy e parou.

– Sim, srta. Eyelesbarrow...

– É verdade, queridos – falou Miss Marple. – A vítima errada. É isso que vocês querem dizer.

– Sim. A morte de Martine não beneficiaria Harold (nem os outros). Não até...

– Não até Luther Crackenthorpe morrer. Exato. Também pensei nisso. E o sr. Luther, pelo que o seu médico me levou a crer, está bem melhor de saúde do que alguém pensaria vendo de fora.

– Tem muitos anos de vida ainda – disse Lucy. Então franziu a testa.

– Sim? – encorajou Craddock.

– No Natal ele teve uma indisposição – disse Lucy. – Ele contou que o médico fez um estardalhaço. Comentou: "Qualquer um pensaria que eu havia sido envenenado pelo estardalhaço que ele fez".

Ela observou Craddock com olhos indagadores.

– Sim – confirmou Craddock. – É justamente sobre isso que desejo falar com o dr. Quimper.

– Bem, preciso ir – disse Lucy. – Puxa, já é tarde.

Miss Marple pôs de lado o tricô e pegou o exemplar do *The Times* com as palavras cruzadas pela metade.

– Queria ter um dicionário aqui – murmurou. – Tontina e Tokay... Sempre confundo essas duas palavras. Uma delas é um vinho húngaro, se não me engano.

– Tokay – disse Lucy, entreparando na porta. – Mas uma palavra tem cinco letras, e a outra tem sete. Qual a dica?

– Ah, não estava no jogo de palavras cruzadas – disse Miss Marple, um tanto vaga. – Estava na minha cabeça.

O inspetor Craddock a encarou fixamente. Então se despediu e saiu.

Capítulo 17

I

Craddock teve de esperar alguns minutos até o dr. Quimper terminar a cirurgia do fim de tarde. Então o médico apareceu, com ar cansado e deprimido.

Ofereceu um drinque a Craddock. O visitante aceitou, e ele preparou um para si também.

– Pobres diabos – falou, afundando numa poltrona gasta. – Tão assustados, tão estúpidos... Não usam a cabeça. Tive um caso doloroso essa tardinha. A paciente devia ter vindo um ano atrás. Naquela época, a operação poderia ter sucesso. É tarde demais agora. Fico indignado. A verdade é que o ser humano mistura heroísmo e covardia de modo espantoso. Ela sofreu dores terríveis sem reclamar, só porque tinha medo de procurar ajuda médica e descobrir alguma coisa. No outro extremo, pessoas vêm e desperdiçam o meu tempo por causa do mindinho inchado. Acham que pode ser câncer, mas no fim não passa de uma frieira! Bem, não me leve a mal. Precisava desabafar. A que devo a honra?

– Antes de mais nada, creio que lhe devo agradecimentos por ter aconselhado a srta. Crackenthorpe a avisar a polícia sobre a suposta carta da viúva do irmão dela.

– Ah, isso? Descobriram algo? Na verdade não fui eu quem a aconselhou a ir à polícia. Ela quis ir. Estava preocupada. Todos os adoráveis maninhos tentavam impedi-la, é claro.

– Por que deveriam?

O médico encolheu os ombros.

– Medo de que a história fosse autêntica, suponho.

– Acredita que a carta é autêntica?

– Não tenho ideia. Nunca a vi. Diria que foi alguém que sabia dos fatos tentando dar um golpe. Tentando despertar a compaixão de Emma. Mas estão redondamente enganados. Emma não é tola. Não acolheria uma cunhada desconhecida sem primeiro fazer algumas perguntas objetivas.

Acrescentou com certa curiosidade:

– Mas por que perguntar *meu* ponto de vista? Não tenho nada a ver com isso.

– Para falar a verdade, estou aqui para saber uma coisa bem diferente... Mas não sei bem como começar.

O dr. Quimper demonstrou interesse.

– Pelo que fiquei sabendo... na época das festas natalinas... o sr. Crackenthorpe sentiu-se mal e ficou de cama.

Notou uma alteração imediata na expressão do médico. As feições se endureceram.

– Sim.

– Distúrbio gástrico?

– Sim.

– Isso é intrigante... O sr. Crackenthorpe dizendo vender saúde e afirmando que vai durar mais do que os filhos. Falou que o senhor... Vai me desculpar, doutor...

– Ah, não se incomode. Não dou a mínima para os que os meus pacientes falam de mim!

– Falou que o senhor costuma fazer tempestade em copo d'água. – Quimper sorriu. – Disse que o senhor na ocasião fez uma série de perguntas, não apenas sobre o que ele havia comido, mas também sobre quem havia preparado e servido.

O doutor já não mais sorria. O rosto estava inflexível outra vez.

– Continue.

– Disse algo assim: "Parecia que o doutor acreditava que alguém tinha me envenenado."

Houve um silêncio.

– Suspeitou de algo desse gênero?

Quimper não respondeu de imediato. Levantou-se e ficou caminhando para lá e para cá. Por fim, virou-se de repente e encarou Craddock.

– O que diabo espera que eu diga? Pensa que um médico pode levantar acusações de envenenamento sem provas concretas?

– Só gostaria de saber, extraoficialmente... essa ideia passou pela sua cabeça?

O dr. Quimper foi evasivo:

– O velho Crackenthorpe leva uma vida frugal. Quando a família aparece, Emma capricha na comida. Resultado: um horrível ataque de gastrenterite. Os sintomas coincidiram com esse diagnóstico.

Craddock perseverou.

– Entendo. O senhor ficou satisfeito? Em nenhum momento ficou... vamos dizer... confuso?

– Está bem. Está bem. Sim, fiquei a confusão em pessoa! Isso lhe deixa contente?

– Me deixa interessado – retorquiu Craddock. – De que mais exatamente o senhor suspeitou... ou receou?

– Crises gástricas têm sintomas variados, é claro, mas havia alguns indícios que seriam, digamos, mais consistentes com envenenamento por arsênico do que com uma simples gastrenterite. Se o senhor não sabe, as duas coisas têm sintomas bem parecidos. Médicos mais experientes do que eu já deixaram de diagnosticar envenenamento por arsênico... E deram atestado de óbito na maior boa-fé.

– E quais foram os resultados de sua avaliação?

– Tudo indicava que minhas suspeitas não podiam ser verdadeiras. O sr. Crackenthorpe me assegurou que teve crises semelhantes antes de eu começar a atendê-lo... Com a mesma causa, inclusive. Todas quando havia bastante comida na mesa.

– Quando a casa estava cheia? De familiares? De hóspedes?

– Sim. O que parecia razoável. Mas, para ser sincero, Craddock, eu não fiquei convencido. Cheguei até a escrever para o velho dr. Morris. Tivemos um consultório em sociedade até ele se aposentar. Crackenthorpe era paciente dele. Perguntei-lhe sobre as crises que o velho tinha.

– E qual foi a resposta?

Quimper abriu um sorriso irônico.

– Só faltou me largar os cachorros. Praticamente me aconselhou a não ser um maldito imbecil. Bem – deu de ombros –, talvez eu *tenha sido* um maldito imbecil.

– Tenho minhas dúvidas – falou Craddock, meditativo.

Então decidiu falar abertamente.

– Deixando de lado a discrição, dr. Quimper, existem pessoas que seriam beneficiadas consideravelmente com a morte de Luther Crackenthorpe. – O doutor assentiu. – Ele é um velho sadio e vigoroso. Pode chegar aos noventa e tantos?

– Com facilidade. Passa a vida cuidando de si próprio e tem sólida constituição corporal.

– E os filhos (e filha) estão todos envelhecendo e precisando de dinheiro?

– Deixe Emma fora disso. Ela não é envenenadora. As crises só acontecem quando os outros estão aqui... não quando os dois estão sozinhos.

"Precaução elementar... se ela fosse culpada" – pensou o inspetor, mas teve o cuidado de não verbalizar.

Hesitou, escolhendo as palavras a dedo.

– Com certeza... Confesso minha ignorância nesse departamento... Mas supondo apenas a hipótese de que o arsênico *tenha sido* ministrado... Crackenthorpe não teve muita sorte de ter escapado?

– Aí – disse o doutor – o senhor tocou num ponto *realmente* estranho. É bem isso que me leva a crer que tenho sido, como alegou o velho Morris, um maldito imbecil. Veja bem, obviamente não é um caso de pequenas doses administradas de modo regular, aquilo que se poderia chamar o método clássico de envenenamento por arsênico. Crackenthorpe nunca teve qualquer problema gástrico crônico. De certa forma, é isso que torna essas crises violentas tão implausíveis. Assim, considerando que elas não têm causas naturais, parece que o envenenador está sempre deixando escapar a oportunidade... O que também não faz sentido.

– Ministrando uma dose inadequada, o senhor quer dizer?

– Sim. Por outro lado, Crackentorpe tem forte compleição corporal; o que funcionaria noutro homem pode não ter o efeito desejado nele. Em medicina sempre é preciso levar em conta idiossincrasias pessoais. Porém, é de pensar por que o envenenador (a menos que seja particularmente tímido) não aumentou gradativamente a dose. Por que não o fez?

E acrescentou:

– Ou seja, se é que *existe* um envenenador. Provavelmente não exista! É provável que seja minha imaginação fértil desde o começo.

– É esquisito – concordou o inspetor. – Não faz sentido.

II

– Inspetor Craddock!

O sussurro ansioso fez o inspetor sobressaltar-se.

Ele estava prestes a tocar a sineta. Alexander e seu amigo Stoddard-West emergiram cautelosos da escuridão.

– Escutamos seu carro e viemos correndo. Precisamos falar com o senhor.

– Certo, vamos falar lá dentro. – A mão de Craddock aproximou-se da sineta outra vez, mas Alexander puxou o casaco dele com a ansiedade de um cão carente.

– Achamos uma pista – cochichou.

– Sim, achamos uma pista – ecoou Stoddard-West.

"Maldita garota", pensou Craddock com cara de poucos amigos.

– Formidável – pronunciou de maneira mecânica. – Vamos entrar e dar uma olhada nela.

– Não – insistiu Alexander. – Lá dentro vamos ser interrompidos. Venha até a sala dos arreios. Vamos mostrar onde fica.

Um tanto a contragosto, Craddock deixou-se ser guiado. Contornaram a casa em direção ao estábulo. Stoddard-West empurrou uma pesada porta, esticou o braço e acendeu uma fraca lâmpada elétrica. A sala dos arreios, outrora o ápice do brilho vitoriano, agora era o triste depósito de trastes que ninguém mais queria. Cadeiras de jardim quebradas, implementos de jardinagem enferrujados, uma enorme e obsoleta máquina de cortar grama, colchões de molas enferrujados, redes para dormir e redes de tênis estragadas.

– A gente vem bastante aqui – informou Alexander. – É um bom lugar quando se quer privacidade.

Era visível que o ambiente estava sendo utilizado. Os colchões haviam sido empilhados para compor uma espécie de divã. Sobre a mesa antiga e mofada repousava uma grande lata de biscoitos de chocolate. Uma cesta de maçãs, uma lata de balas de leite e um quebra-cabeça completavam os sinais de ocupação no ambiente.

– É uma pista *de verdade*, sir – falou Stoddard-West, impaciente, os olhos brilhando atrás dos óculos. – Encontramos hoje à tarde.

– Estamos investigando dias a fio. Nos arbustos...

– No oco das árvores...

– E até nas latas de lixo...

– Por sinal, vimos coisas bem interessantes...

– E então fomos até a sala da caldeira...

– Lá o velho Hillman guarda um grande tonel de ferro, cheio de papelada.

– Para quando a caldeira se apaga e ele precisa iniciar o fogo de novo...

– Qualquer papel que está rolando. Ele cata e enfia lá...

– E foi lá que encontramos...

– Encontraram O QUÊ? – Craddock interrompeu o dueto.

– *A pista.* Cuidado, Stodders, as luvas.

Com ares de importância, Stoddard-West, na melhor tradição dos contos policiais, vestiu um par de luvas bastante sujo e puxou do bolso um invólucro de fotografias Kodak. De dentro desse envelope, pinçou com os dedos enluvados, com extrema cautela, outro envelope sujo e amassado e o entregou solenemente ao inspetor.

Os dois meninos prenderam o fôlego de empolgação.

Craddock apanhou-o com a devida cerimônia. Gostava dos meninos e estava pronto para entrar no espírito da coisa.

Havia um carimbo do correio no envelope vazio e rasgado – endereçado à Sra. Martine Crackenthorpe, 126 Elvers Crescent, N. 10.

– Percebe? – indagou Alexander sem fôlego. – Isto prova que ela *esteve* aqui... A esposa francesa do tio Edmund... A que provocou todo esse rebuliço. Ela deve ter vindo mesmo aqui e deixado cair em algum lugar. Então parece, não acha, que...

Stoddard-West atalhou:

– Parece que *ela* é a pessoa assassinada... Quero dizer, não acha, sir, que simplesmente *deve* ser ela a mulher do sarcófago?

Esperaram ansiosos.

Craddock entrou na brincadeira.

– É possível, bem possível – falou.

– Isto *é* importante, não é?

– Vai mandar analisar as impressões digitais, não vai, sir?

– Claro – disse Craddock.

Stoddard-West respirou fundo.

– Que sorte danada, não? – comentou. – Justo no último dia.

– Último dia?

– Sim – confirmou Alexander. – Amanhã vamos para a casa de Stoddard-West passar o fim das férias. A família de Stodders tem uma casa estupenda... Da época da rainha Ana, não é?

– Que nada! Da época de Guilherme e Maria – disse Stoddard-West.

– Mas a sua mãe disse...

– Mamãe é francesa. Não entende nada de arquitetura britânica.

– Mas seu pai disse que foi construída...

Craddock examinava o envelope.

Esperta, essa Lucy Eyelesbarrow. Como ela havia conseguido falsificar o carimbo do correio? Olhou bem de perto, mas a luz era muito fraca. Para os meninos, sem dúvida uma diversão garantida; para ele, um embaraço. Maldita Lucy, não considerou por esse ângulo. Se a pista fosse autêntica, desencadearia uma linha de ação. Portanto...

A seu lado, uma culta controvérsia arquitetônica desenrolava-se com ardor. Ele não prestou atenção.

– Vamos, rapazes – disse ele –, vamos entrar. Vocês foram muito úteis.

Capítulo 18

I

Craddock foi escoltado pelos meninos até a porta dos fundos. Ao que parecia, eles costumavam entrar e sair por ali. A cozinha estava alegre e aconchegante. Lucy, de avental branco, abria uma massa com o rolo. Apoiado no armário das louças, cofiando o basto bigode loiro, Bryan observava Lucy com atenção canina.

– E aí, pai! – cumprimentou Alexander, simpático. – Para variar, na cozinha?

– Gosto daqui – disse Bryan. E acrescentou: – A srta. Eyelesbarrow não se incomoda.

– É, não me incomodo – confirmou Lucy. – Boa noite, inspetor Craddock.

– Investigando a cozinha? – indagou Bryan curioso.

– Não exatamente. O sr. Cedric continua na casa, não?

– Ah, sim, Cedric está aqui. Quer que o chame?

– Quero ter uma palavrinha com ele... Sim, por favor.

– Vou ver se ele está lá dentro – ofereceu-se Bryan. – Ele pode ter ir ido no barzinho local.

Deixou de apoiar-se no armário.

– Obrigada – disse Lucy. – Eu mesma faria isso se não estivesse com as mãos cheias de farinha.

– O que está fazendo? – quis saber Stoddard-West, ansioso.

– Torta de pêssego.

– Ma-ra-vi-lha! – exclamou Stoddard-West.

– Não é quase a hora do jantar? – indagou Alexander.

– Não.

– Puxa! Estou morrendo de fome.

– Sobrou bolo de gengibre. Na despensa.

Os meninos dispararam e colidiram no vão da porta.

– Parecem dois gafanhotos – comentou Lucy.

– Parabéns – disse Craddock.

– Por que exatamente?

– Sua engenhosidade... ao fazer isto!

– Fazer o quê?

Craddock mostrou o invólucro com a carta.

– Feito com perfeição – disse ele.

– Do *que* você está falando?

– Disto, minha querida... disto – puxou metade do envelope para fora. Ela o fitou com ar de quem não entende nada.

De repente, Craddock ficou perplexo.

– Você não falsificou esta pista... e a plantou na sala da caldeira para os meninos acharem? Diga rápido.

– Não tenho a mínima ideia do que você está falando – disse Lucy. – Quer dizer que...?

Craddock escorregou o invólucro de volta no bolso quando Bryan voltou.

– Cedric está na biblioteca – avisou. – Pode entrar.

Voltou a se escorar no guarda-louças. O inspetor Craddock dirigiu-se à biblioteca.

II

Cedric Crackenthorpe pareceu encantado ao ver o inspetor.

– Investigando de novo por aqui? – indagou. – Algum progresso?

– Avançamos um bocado, sr. Crackenthorpe.

– Descobriu de quem era o cadáver?

– Não houve identificação definitiva, mas temos uma boa ideia.

– Que bom para vocês.

– Por conta de nossas últimas informações, precisamos de novos depoimentos. Já que está por aqui, vou começar com o senhor.

– Estou de saída. Amanhã ou depois volto para Ibiza.

– Então parece que cheguei bem a tempo.

– Vá em frente.

– Gostaria de um relato detalhado, por gentileza, de seu paradeiro e de suas atividades na sexta-feira, dia 20 de dezembro.

Cedric lançou-lhe um rápido olhar. Então se recostou na cadeira, bocejou, assumiu um ar de grande indiferença e pareceu imergir num esforço de rememoração.

– Bem, como já lhe disse, eu estava em Ibiza. O problema é que um dia é igual ao outro. Pintura pela manhã, siesta das três às cinco da tarde. Se a luz estiver adequada, faço um ou outro esboço. Então tomo um aperitivo no café da *piazza*, às vezes com o prefeito, às vezes com o médico. Depois faço uma refeição frugal. À noite vou ao bar do Scotty conversar com meus amigos da ralé. Serve isso?

– Prefiro a verdade, sr. Crackenthorpe.

Cedric empertigou-se na cadeira.

– Não precisa me ofender, inspetor.

– Mesmo? Na outra vez o senhor declarou que havia deixado Ibiza dia 21 de dezembro e chegado à Inglaterra no mesmo dia. Não foi?

– Foi. Em! Emma, vem cá!

Emma Crackenthorpe apareceu na porta que ligava a biblioteca à sala de estar matinal. Com olhos indagadores, mirou Cedric e depois o inspetor.

– Em, escute. Cheguei sábado para o Natal, não foi? Vim direto do aeroporto?

– Sim – relembrou Emma. – Chegou na hora do almoço.

– Não disse? – indagou Cedric ao inspetor.

– Deve pensar que somos burros, sr. Crackenthorpe – falou Craddock em tom divertido. – Essas coisas podem ser checadas, sabe. Que tal o senhor mostrar seu passaporte...

Fez um silêncio esperançoso.

– Não consigo achar o maldito – falou Cedric. – Procurei por ele a manhã toda. Queria enviá-lo à agência de viagens.

– Creio que pode encontrá-lo, sr. Crackenthorpe. Mas é desnecessário. Os registros mostram que o senhor entrou no país na noite de 19 de dezembro. Talvez agora possa me informar seus movimentos desde o dia 19 até o almoço do dia 21, quando apareceu aqui.

Cedric ficou enraivecido.

– Esse é o inferno da vida moderna – disse irritado. – Preencher formulários e mais formulários. É isso que se pode esperar de um Estado burocrático. Não é mais possível ir para onde se quer nem fazer o que se bem entende! Alguém sempre está fazendo perguntas. Mas por que todo esse auê em torno do dia 20, afinal? O que há de tão especial no dia 20?

– Por acaso é o dia em que acreditamos que o crime foi cometido. Claro, o senhor pode se recusar a responder, mas...

– Quem disse que me recuso a responder? Dê-me um tempinho. No inquérito a data do crime estava indefinida. O que surgiu de novo?

Craddock não respondeu.

Cedric dirigiu-se ao inspetor, olhando Emma de soslaio:

– Não é melhor irmos até a outra sala?

Emma falou rápido:

– Vou deixá-los a sós.

Na porta, ela parou e se virou.

– Sabe, Cedric, isso é sério. Se o crime *realmente* aconteceu no dia 20, então é bom dizer ao inspetor tudo o que você fez naquele dia.

Ela passou à outra sala e fechou a porta atrás de si.

– Boa e velha Em – falou Cedric. – Bem, vamos lá. Sim, tem razão. Saí de Ibiza no dia 19. Planejava fazer escala em Paris e passar dois dias visitando uns camaradas da margem esquerda. Mas conheci uma garota muito atraente no avião... Uma uva. Resumo da ópera, ela e eu desembarcamos juntos. Ela estava a caminho dos Estados Unidos e precisava ficar por duas noites em Londres para resolver uns assuntos. Chegamos a Londres no dia 19. Ficamos no Kingsway Palace, caso seus espiões ainda não o tenham descoberto! Registrei-me no hotel com o nome de John Brown... Melhor não usar o nome verdadeiro nessas ocasiões.

– E no dia 20?

Cedric fez uma careta.

– Manhã bem ocupada por uma incrível ressaca.

– E à tarde? Das três em diante.

– Deixe-me ver. Bem, fiquei perambulando, como se diz. Visitei a National Gallery... Quer algo mais respeitável? Depois fui ao cinema. *Rowenna do rancho.* Sempre tive paixão por faroestes. Esse era fantástico... Depois tomei um ou dois drinques no bar e fui dormir um pouco no quarto. Às dez, saí com a namorada. Demos um giro em vários inferninhos... Nem me lembro da maioria dos nomes... Um era *A rã saltitante*, se não me engano. Ela conhecia todos. Fiquei bastante embriagado. Para dizer a verdade, não lembro muito do que fiz depois. Sei que acordei na manhã seguinte com uma ressaca ainda pior. A namoradinha decolou e eu derramei água gelada na cabeça, passei na farmácia para comprar um tônico e então vim para cá, fingindo ter vindo direto do aeroporto de Heathrow. Não quis aborrecer Emma, é isso. Sabe como são as mulheres... Ficam magoadas se você não vai direto para casa. Tive de pedir dinheiro emprestado a ela para pagar o táxi. Estava completamente duro. Não adiantava pedir ao velho. Ele nunca pagaria. Um refinado sovina. Satisfeito, inspetor?

– Algo disso pode ser provado, sr. Crackenthorpe? Vamos dizer, entre três e sete da tarde?

– É complicado – falou Cedric alegremente. – A National Gallery, onde os funcionários fingem que a gente não existe, e um cinema lotado. Acho difícil.

Emma voltou a entrar na biblioteca. Trazia uma agenda na mão.

– Deseja saber o que todos estavam fazendo em 20 de dezembro, não é mesmo, inspetor Craddock?

– Bem... Sim, srta. Crackenthorpe.

– Acabo de consultar minha agenda. No dia 20 fui a Brackhampton na reunião do Fundo de Restauração da Igreja. O encontro terminou quinze para a uma. Almocei com lady Adington e a srta. Bartlett, ambas membros do comitê, no restaurante Cadena. Depois do almoço fui às compras. Víveres natalinos e também presentes. Estive na Greenford's, na Lyall & Swift's, na Boots' e em várias outras lojas. Quinze para as cinco tomei chá na Shamrock. Então fui à estação me encontrar com Bryan, que vinha de trem. Cheguei em casa perto das seis. Encontrei meu pai de péssimo humor. Eu tinha deixado o almoço dele pronto, mas a sra. Hart, que ficou de vir à tarde para servir o chá, não tinha aparecido. Ele ficou tão zangado que se trancou no quarto e não me deixou entrar nem conversar. Ele não gosta quando eu saio, mas de vez em quando dou uma escapadinha.

– Faz muito bem. Muito obrigado, srta. Crackenthorpe.

Não quis mencionar que, sendo mulher e medindo um metro e sessenta e oito, seus movimentos naquela tarde não tinham importância. Em vez disso, indagou:

– Seus outros dois irmãos chegaram depois, então?

– Alfred chegou bem tarde na noite de sábado. Ele me contou que tentou ligar durante a tarde, mas eu não estava. E meu pai, quando está contrariado, nunca atende o telefone. Meu irmão Harold só apareceu para a ceia da véspera de Natal.

– Obrigado, srta. Crackenthorpe.

– Imagino que não caiba a mim perguntar – hesitou ela –, mas o que surgiu de novo para motivar essas perguntas?

Craddock retirou o invólucro Kodak do bolso. Usando a ponta dos dedos, extraiu o envelope.

– Não toque, por favor. Reconhece este envelope?

– Mas... – espantada, Emma fitou o inspetor. – É a minha caligrafia. É a carta que escrevi para Martine.

– Achei que era.

– Mas como o senhor conseguiu? Ela...? A polícia encontrou Martine?

– É possível que a tenhamos... encontrado. Este envelope vazio foi encontrado *aqui*.

– Na casa?

– No terreno.

– Então... ela *realmente* veio aqui! Ela... O senhor quer dizer que... era Martine... no sarcófago?

– É o que parece, srta. Crackenthorpe – disse Craddock, com suavidade.

Ficou parecendo ainda mais quando ele retornou à capital. Uma mensagem de Armand Dessin lhe esperava.

Uma das amigas do balé recebeu um cartão-postal de Anna Stravinska. Tudo indica que a história do cruzeiro era verdade! Ela está na Jamaica e está se divertindo para valer!

Craddock amassou a mensagem e a jogou na cesta de lixo.

III

– É desnecessário dizer – disse Alexander, recostado à guarda da cama, saboreando, pensativo, uma barra de chocolate – que hoje foi o dia mais emocionante de minha vida. Encontrar uma *pista de verdade*!

Sua voz estava repleta de assombro.

– Na realidade, as férias inteiras foram emocionantes – acrescentou alegremente. – Não acredito que algo parecido vá acontecer de novo.

– Espero que não aconteça de novo comigo – disse Lucy, ajoelhada, dobrando as roupas de Alexander e arrumando a mala. – Quer levar todos esses livros de ficção científica?

– Os dois de cima não. Já li. Pode colocar a bola, as chuteiras e as botas de borracha em separado.

– Quanta coisa complicada vocês meninos carregam!

– Não importa. O Rolls Royce vem nos pegar. Eles têm um Rolls fantástico. E um Mercedes-Benz novo em folha!

– Devem ser ricos.

– Podres de ricos! E muito legais, também. Mas por mim eu ficava aqui mais uns dias. Pode aparecer outro cadáver.

– Espero que não, sinceramente.

– Bem, nos livros é assim que acontece. Alguém que viu ou escutou algo acaba morto também. Você pode ser a próxima vítima – acrescentou, abrindo uma segunda barra de chocolate.

– Obrigada!

– Não quero que seja você – garantiu Alexander. – Eu gosto muito de você, e o Stodders também. Achamos você uma cozinheira do outro mundo. Faz uma comida simplesmente irresistível. E também é muito sensata.

Esta última era obviamente uma expressão do mais alto louvor. Lucy entendeu e disse:

– Obrigada. Mas não pretendo ser morta só para agradar vocês.

– Então é melhor tomar cuidado – aconselhou Alexander.

Fez uma pausa para abocanhar o chocolate e então disse numa voz de tênue improviso:

– Se papai aparecer de vez em quando, quer dar uma olhadinha nele por mim?

– Sim, pode deixar – disse Lucy, um tanto surpresa.

– O problema de meu pai – informou Alexander – é que ele não se adapta à vida londrina. Acaba se envolvendo, sabe, com o tipo errado de mulher. – Balançou a cabeça de modo preocupado. – Adoro o papai – acrescentou –, mas ele precisa de alguém para cuidar dele. Fica à deriva e se envolve com as pessoas erradas. É uma pena mamãe ter morrido tão nova. Bryan precisa de um lar adequado.

Mirou Lucy solenemente e apanhou outra barra de chocolate.

– Chega, Alexander – implorou Lucy. – Vai ter uma indigestão de tanto chocolate.

– Que nada! Uma vez comi seis, um atrás do outro, e não me fez mal. Não sofro do fígado. – Fez uma pausa e voltou à carga: – Bryan gosta de você, sabe.

– É muita bondade.

– É meio teimoso às vezes – afirmou o filho de Bryan –, mas foi um excelente piloto de combate. Corajoso e bom caráter.

Fez uma pausa. Então, olhando para o teto, disse um pouco acanhado:

– Sabe, seria ótimo ele se casar de novo... Com alguém legal... Eu não me importaria de ter uma madrasta... Quer dizer, se ela fosse legal...

Não sem certa surpresa, Lucy percebeu que a conversa de Alexander tinha objetivo definido.

– Todo esse preconceito contra madrastas – continuou Alexander mirando o teto – está fora de moda. Stodders e eu conhecemos muita gente com madrastas (divórcio e tudo o mais) e se dão muito bem com elas. Claro, depende da madrasta. E claro, o cara fica um pouco confuso quando é dia de competição esportiva na escola e tudo o mais. Quero dizer, se o cara tem dois conjuntos de pais. Mas por outro lado ajuda na mesada!

Fez uma pausa, meditando sobre os problemas da vida moderna.

– O melhor é ter o próprio lar e os próprios pais. Mas e se sua mãe morreu? Bem, percebe onde quero chegar? Se ela for uma pessoa legal – disse Alexander pela terceira vez.

Lucy emocionou-se.

– Creio que você é muito ajuizado, Alexander – disse ela. – Devemos fazer tudo para encontrar uma boa esposa para seu pai.

– Sim – respondeu Alexander sem emitir opinião. E acrescentou como quem não quer nada: – Só queria lhe contar. Bryan gosta muito de você. Ele me disse...

"Que tal?" pensou Lucy consigo. "Está sobrando casamenteiro nessa história. Primeiro, Miss Marple. E agora, Alexander!"

Por uma razão inexplicável, chiqueiros lhe vieram à mente.

Ela se ergueu.

– Boa noite, Alexander. Amanhã de manhã é só colocar na mala a nécessaire e o pijama. Durma bem.

– Boa noite – disse Alexander. Escorregou para baixo das cobertas, recostou a cabeça no travesseiro, fechou os olhos e assumiu a imagem perfeita de um anjo adormecido. No minuto seguinte, caiu no sono.

Capítulo 19

I

– Não é bem o que se pode chamar de conclusivo – comentou o sargento Wetherall com a melancolia costumeira.

Craddock corria os olhos sobre o relatório do álibi de Harold Crackenthorpe em 20 de dezembro.

Harold fora visto na Sotheby's por volta das três e meia, mas saíra logo depois. Sua fotografia não foi reconhecida no salão de chá Russell's. Porém, como havia bastante movimento na hora do chá e ele não era um *habitué*, não era de se surpreender. O seu empregado confirmou que o patrão havia retornado a Cardigan Gardens às 18h45 a fim de se arrumar para o jantar. Em cima da hora, pois o jantar seria às sete e meia; por isso, talvez, o sr. Crackenthorpe parecera um pouco irritado. Não escutara ele chegar à noite, mas, como já haviam passado algumas semanas, não conseguia se lembrar com exatidão. Além do mais, não costumava escutar o sr. Crackenthorpe chegando. Ele e a esposa gostavam de se recolher cedo. A garagem onde Harold guardava o carro era uma vaga individual alugada. Ninguém notaria quem veio ou deixou de vir, muito menos se lembraria de uma noite específica.

– Tudo negativo – disse Craddock, num suspiro.

– Ele esteve realmente no Caterers' Dinner, mas saiu bem cedo, antes do fim dos discursos.

– E nas estações ferroviárias?

Mas não se havia conseguido nada nelas também, nem em Brackhampton, tampouco em Paddington. Já fazia quase um mês e era pouco provável que alguém pudesse se lembrar de algo.

Craddock suspirou e estendeu a mão para pegar o dossiê sobre Cedric. Também negativo, embora um motorista de táxi tivesse feito uma identificação vaga. Afirmou ter levado até Paddington na tarde daquele dia "um sujeito parecido com esse da foto. Calças sujas, cabelo desgrenhado. Praguejou e reclamou do aumento das tarifas desde a última vez que esteve em Londres." Soube determinar o dia porque um cavalo chamado Rastejante venceu o páreo das duas e meia e ele ganhou uma boa grana. Deixou o passageiro no destino e logo depois escutou no rádio. Na mesma hora foi para casa comemorar.

– Bendito turfe! – disse Craddock, colocando o relatório de lado.

– E aqui está o de Alfred – disse o sargento Wetherall.

Um entretom na voz do sargento fez Craddock levantar os olhos bruscamente. Wetherall tinha a aparência satisfeita de alguém que guardara um petisco para o fim.

Em linhas gerais, a checagem fora insatisfatória. Alfred morava sozinho no flat; ia e vinha em horários indeterminados. Os vizinhos não eram do tipo enxerido e, de qualquer maneira, passavam o dia fora, trabalhando em cargos empresariais. Perto do fim do relatório, Wetherall apontou o último parágrafo com o grosso indicador.

O sargento Leakie, escalado para um caso de roubo de cargas, estivera vigiando caminhões no Posto dos Tijolos, uma parada de caminhoneiros na estrada entre Waddington e Brackham. Na lancheria, reconheceu na mesa ao lado Chick Evans, integrante da máfia de Dicky Rogers. Com ele estava Alfred Crackenthorpe, a quem Leakie conhecia de vista, por vê-lo depor no caso de Dicky Rogers. O sargento ficou curioso por saber o que os dois estavam tramando. Data e hora: 20 de dezembro, sexta-feira, nove e meia da noite. Poucos minutos depois, Alfred Crackenthorpe embarcou num ônibus em direção a Brackhampton. William Baker, cobrador na estação de Brackhampton, perfurou o bilhete de um cavalheiro que se parecia com um dos irmãos da srta. Crackenthorpe, pouco antes da partida do trem das 23h55 para Paddington. Conseguiu se lembrar da data porque na tarde daquele mesmo dia uma velhinha caduca jurou ter testemunhado um assassinato no trem.

– Alfred? – indagou Craddock ao baixar o relatório e repousá-lo na mesa. – Alfred? Será possível?

– O relatório o coloca em maus lençóis – ressaltou Wetherall.

Craddock assentiu com a cabeça. Sim, Alfred poderia ter viajado ao interior no 16h33 para Brackhampton e cometido o crime no caminho. Então poderia ter ido de ônibus ao Posto dos Tijolos e saído de lá às nove e meia, o que lhe daria tempo de sobra para ir a Rutherford Hall, transportar o corpo do aterro até o sarcófago e chegar a Brackhampton a tempo de pegar o 23h55 de volta a Londres. Alguém da quadrilha de Dicky Rogers poderia até mesmo tê-lo ajudado a trasladar o cadáver, embora Craddock duvidasse muito. Turminha desagradável, mas não assassina.

– Alfred? – repetiu especulativo.

II

Em Rutherford Hall, acontecia uma reunião da família Crackenthorpe. Harold e Alfred tinham vindo de Londres. Sem demora, vozes se altercaram e ânimos se acirraram.

Por iniciativa própria, Lucy preparou uma jarra de coquetéis com gelo e foi levar até a biblioteca. As vozes soavam claras no hall. Uma boa dose de acrimônia era destilada contra Emma.

– Tudo culpa *sua*, Emma – a voz grave de Harold ergueu-se com raiva. – Fico pasmo. Como pôde ser tão imprevidente e tola? Se não tivesse levado aquela carta até a Scotland Yard... e começado tudo isso...

Escutou-se a voz exaltada de Alfred:

– Deve ter perdido o juízo!

– Parem de recriminá-la – protegeu Cedric. – Não adianta chorar pelo leite derramado. Seria bem mais suspeito se a polícia tivesse identificado a vítima como a desaparecida Martine e todo mundo aqui tivesse feito segredo sobre termos ouvido falar nela.

– Para você tanto faz, não é, Cedric? – comentou Harold, irritado. – Você estava fora do país no dia 20, se não me engano o dia que estão investigando. Mas é muito constrangedor para Alfred e para mim. Felizmente, *eu* consigo me lembrar onde estava e o que estava fazendo naquela tarde.

– Aposto que sim – disse Alfred. – Se você planejasse um crime, Harold, prepararia um álibi com bastante cuidado, tenho certeza disso.

– Não posso dizer o mesmo de você – falou Harold com frieza.

– Isso depende – retorquiu Alfred. – Qualquer coisa é melhor do que apresentar à polícia um álibi "sólido" que não seja realmente sólido. A polícia é campeã em descobrir incongruências.

– Se está insinuando que eu matei aquela mulher...

– Ah, parem, por favor! – gritou Emma. – Claro que vocês não mataram a mulher.

– E para seu governo, eu *estava* na Inglaterra no dia 20 – contou Cedric. – E a polícia *já* descobriu! Então somos todos suspeitos.

– Se não fosse a Emma...

– Ah, não comece de novo, Harold – gritou Emma.

O dr. Quimper saiu do gabinete onde estivera a portas fechadas com o velho sr. Crackenthorpe. O olhar dele recaiu na jarra que Lucy segurava.

– O que é isto? Uma festa?

– Para serenar os ânimos. A coisa está tumultuada aí dentro.

– Recriminações?

– Só ficam acusando Emma.

As sobrancelhas do dr. Quimper se ergueram.

– Mesmo?

Pegou a jarra da mão de Lucy, abriu a porta da biblioteca e entrou.

– Boa noite.

– Ah, dr. Quimper! É com o senhor mesmo que preciso ter uma conversinha.

Era a voz de Harold, alterada e impaciente.

– Gostaria de saber com que objetivo o senhor se intrometeu num assunto privado e familiar, aconselhando Emma a ir até a Scotland Yard.

O dr. Quimper respondeu gentilmente:

– A srta. Crackenthorpe pediu meu conselho. Eu dei. No meu ponto de vista, ela agiu do modo certo.

– Está insinuando que...

– Mocinha!

Era a costumeira saudação do velho sr. Crackenthorpe. Estava espiando da porta do gabinete, logo atrás de Lucy.

Lucy virou-se com certa relutância.

– Sim, sr. Crackenthorpe?

– O que vai ter no jantar? Quero curry. Um curry dos bons. Faz séculos que não como curry.

– Os meninos não gostam muito de curry, o senhor sabe.

– Meninos... Que importa os meninos? Quem importa sou eu. E os meninos já foram embora mesmo... Já vão tarde! Quero um curry gostoso e picante! Entendido?

– Está bem, sr. Crackenthorpe, deixe comigo.

– Muito bem, Lucy. Boa menina. Cuide de mim que eu cuido de você.

Lucy retornou à cozinha. Abandonando o fricassé de galinha que planejara, começou a reunir os ingredientes para o curry. A porta da frente bateu forte. Da janela, Lucy viu um irritado dr. Quimper sair a passos largos da casa em direção ao carro e partir.

Lucy suspirou. Sentia falta dos meninos. E, de certa forma, de Bryan também.

Ó, vida. Sentou-se e começou a limpar os cogumelos.

Pelo menos ela brindaria a família com um jantar de primeira qualidade.

Forraria o estômago daqueles bárbaros!

III

Eram três da manhã quando o dr. Quimper estacionou o carro na garagem, fechou as portas e entrou puxando a porta da frente atrás de si um tanto fatigado. Bem, a sra. Josh Simpkins dera à luz um bonito par de gêmeos para somar aos oito filhos. O sr. Simpkins não expressara orgulho algum sobre a chegada. "Gêmeos", dissera tristonho. "Que vantagem têm? Quádruplos pelo menos servem para alguma coisa. A família recebe um montão de presentes, a imprensa vem, sai foto nos jornais, até Sua Majestade a rainha manda telegrama. Mas gêmeos? Nada além de duas bocas para alimentar em vez de uma. Nunca nasceram gêmeos em minha família, nem na da patroa. Não parece justo."

O dr. Quimper subiu as escadas até o quarto e começou a tirar a roupa. Consultou o relógio de relance. Três e cinco. Negócio complicado e inesperado trazer aqueles gêmeos ao mundo, mas tudo correra bem. Bocejou. Estava cansado... muito cansado. Mirou a cama convidativa.

Então o telefone tocou.

Dr. Quimper praguejou e apanhou o fone.

– É o dr. Quimper?

– O próprio.

– Aqui é Lucy Eyelesbarrow, de Rutherford Hall. É melhor o senhor vir logo. Parece que todo mundo ficou doente.

– Doente? Como? Com que sintomas?

Lucy detalhou os sintomas.

– Estou indo agora mesmo. Neste meio-tempo... – Deu instruções breves e precisas.

Então rapidamente vestiu-se de novo, enfiou algumas coisas extras na mala de emergência e desceu correndo até o carro.

IV

Foi só umas boas três horas depois que o doutor e Lucy, exaustos, se sentaram à mesa da cozinha para tomar grandes xícaras de café preto.

– Ah... – O dr. Quimper tomou o último gole e repousou a xícara no pires com um tinido. – Eu estava precisando. Muito bem, srta. Eyelesbarrow, agora vamos ao que interessa.

Lucy o fitou. Rosto vincado pela fadiga, cabelo castanho grisalho nas têmporas e fundas olheiras. Aparentava ter mais idade que seus 44 anos.

– Até onde posso avaliar – iniciou o médico –, vão ficar bem agora. Mas como aconteceu? É isso que eu gostaria de saber. Quem cozinhou o jantar?

– Eu – disse Lucy.

– E o que havia nele? Em detalhes.

– Na entrada, sopa de cogumelos. O prato principal, arroz com galinha ao molho curry. De sobremesa, *syllabubs.** Ah, no aperitivo, fígado de galinha com bacon.

– Canapé Diane – disse o doutor de modo inesperado.

Lucy abriu um sorriso tímido.

– Isso mesmo, canapé Diane.

– Muito bem, vamos recapitular. Sopa de cogumelos... Enlatada, suponho?

– Claro que não. Eu que fiz.

– Você que fez. Com quê?

– Duzentos e cinquenta gramas de cogumelos, caldo de galinha, leite, *roux* de manteiga com farinha e suco de limão.

– Ah. E as pessoas vão pensar: "Só podem ter sido os cogumelos".

– Não foram os cogumelos. Tomei a sopa e não senti nada.

– Sim, *você* não sentiu nada. Não esqueci disso.

Lucy corou.

– Se o senhor quer insinuar...

– Não quero insinuar nada. Sua inteligência é aguçada. Estaria gemendo lá em cima, se eu quisesse dizer o que você pensa que eu quis dizer. Além do mais, sei tudo sobre você. Já estive investigando.

– Por que cargas d'água fez isso?

Os lábios do dr. Quimper assumiram um contorno severo.

– Porque passou a ser da minha conta investigar as pessoas que vêm aqui e resolvem ficar. Você é uma jovem honesta trabalhando para ganhar a vida. *E* ao que parece nunca teve contato com a família Crackenthorpe antes de vir aqui. Em outras palavras, não é uma namoradinha de Cedric nem de Harold ou Alfred ajudando a fazer um servicinho sujo.

---

* Antiga sobremesa fria feita de creme batido com açúcar, vinho ou suco de frutas. (N.T.)

– Pensa mesmo...?

– Penso uma porção de coisas – disse Quimper. – Mas preciso ser cuidadoso. Essa é a pior coisa de ser médico. Agora vamos em frente. Galinhada ao molho curry. Comeu um pouco desse prato?

– Não. Curry é uma comida forte. Só de fazer a gente se enfastia. Provei, é claro. Tomei sopa e comi um pouco de *syllabub*.

– Como serviu o *syllabub*?

– Em pratos individuais.

– Muito bem, e o quanto já foi limpo?

– Tudo já foi lavado e guardado, se é isso que o senhor quer dizer.

O dr. Quimper suspirou.

– É o que dá ser tão competente.

– Sim... No final das contas, era melhor não ter feito nada. Mas agora é tarde.

– O que você *ainda* tem?

– Sobrou um pouco do curry... numa tigela na despensa. Planejava utilizá-lo como base para a sopa na noite de hoje. Também sobrou um pouco da sopa de cogumelos. Nada de *syllabub* nem dos aperitivos.

– Vou levar o curry e a sopa. E quanto ao molho *chutney*? Foi usado na janta?

– Sim. Numa daquelas jarrinhas de porcelana.

– Vou levar uma amostra disso também – disse Quimper, erguendo-se. – Vou subir e dar mais uma olhadinha neles. Nesse meio-tempo, não deixe a peteca cair. Consegue mantê-los sob vigilância? Posso mandar uma enfermeira com instruções completas por volta das oito horas.

– Queria que o senhor me dissesse logo. Acha que é intoxicação alimentar... Ou... ou... envenenamento?

– Já lhe disse: médicos não podem achar... precisam ter certeza. Se houver resultado positivo de uma dessas amostras, posso ir adiante. Caso contrário...

– Caso contrário? – repetiu Lucy.

Dr. Quimper repousou a mão sobre o ombro dela.

– Cuide de duas pessoas em especial – falou. – Cuide de Emma. Não posso deixar nada acontecer com Emma...

Não pôde disfarçar a voz embargada.

– Ela ainda nem começou a viver – afirmou ele. – Sabe, o mundo precisa de pessoas simples e honestas como Emma Crackenthorpe... Ela significa muito para mim. Eu nunca disse isso para ela, mas vou dizer. Cuide de Emma.

– Pode ficar tranquilo – respondeu Lucy.

– E cuide do velho. Não é nem nunca será meu paciente predileto, mas *é* meu paciente. De jeito nenhum vou deixar um desses filhos desagradáveis (ou todos os três, talvez) apressarem sua morte para colocar a mão na herança.

De súbito a mirou com olhos zombeteiros.

– Pronto – disse ele. – Dei com a língua nos dentes. Mas seja uma boa menina. Fique de olho vivo e, se possível, de bico fechado.

V

O inspetor Bacon indagou com ar preocupado:

– Arsênico? Tem certeza?

– Sim. Estava no curry. Aqui está o resto do curry... Para seu colega da Yard mandar analisar se quiser. Fiz apenas um teste preliminar com uma pequena amostra. Mas o resultado não deixou dúvidas.

– Então há um envenenador em ação?

– Parece que sim – respondeu Quimper secamente.

– E todos foram afetados, o senhor diz. Com exceção daquela srta. Eyelesbarrow.

– Com exceção da srta. Eyelesbarrow.

– Ficou um tanto suspeito para o lado dela...

– Que motivo ela teria?

– Pode ser lunática – sugeriu Bacon. – Às vezes aparentam serem normais, mas no fundo não batem bem da cachola.

– A cachola da srta. Eyelesbarrow bate muito bem, obrigado. Do ponto de vista médico, a saúde mental da srta. Eyelesbarrow é tão boa quanto a sua ou a minha. Se a srta. Eyelesbarrow está temperando o curry com arsênico, está fazendo isso com algum objetivo. Além do mais, inteligente como ela é, tomaria o cuidado de *não* ser a única a não sofrer os sintomas. Em vez disso, como qualquer envenenador inteligente, comeria um pouquinho do curry envenenado e exageraria os sintomas.

– E então o senhor não seria capaz de perceber?

– Se ela tivesse ingerido menos veneno que os outros? Provavelmente não. De qualquer maneira, cada pessoa reage de forma diferente ao veneno... A mesma quantidade afeta mais a uns do que a outros. Claro – emendou o dr. Quimper em tom divertido –, depois que o paciente morre é fácil de estimar com precisão o quanto foi ingerido.

– Então pode ser que... – o inspetor Bacon calou-se a fim de consolidar a sua ideia. – Pode ser que alguém da família esteja fazendo um estardalhaço maior do que o necessário... alguém que estaria fingindo sofrer como os outros só para não despertar suspeitas? Que tal?

– A ideia já me ocorreu. Por isso estou fazendo o registro. Agora está em suas mãos. Coloquei uma enfermeira de minha confiança na casa, mas ela não consegue estar em todos os lugares. A meu ver, ninguém ingeriu o suficiente para morrer.

– O envenenador errou a dose?

– Não. Parece mais provável que a ideia era colocar o suficiente no curry para provocar sinais de intoxicação alimentar... pela qual os cogumelos levariam a culpa. As pessoas são sempre obcecadas com a ideia de intoxicação por cogumelos. Então alguém poderia piorar e morrer.

– Receberia uma segunda dose?

O médico assentiu.

– Por isso estou lhe informando de imediato e por isso escalei uma enfermeira especial para a missão.

– Ela entende de arsênico?

– Claro. E a srta. Eyelesbarrow também. Não quero ensinar o padre a rezar a missa, mas, se eu fosse o senhor, iria até lá e deixaria bem claro a todos que ocorreu envenenamento por arsênico. Com isso, há grandes chances de nosso assassino ficar assustado e abandonar o plano. É provável que ele esteja se fiando na tese da intoxicação alimentar.

O telefone tocou na mesa do inspetor. Ele atendeu e disse:

– Ok. Pode passar a ligação. – Avisou Quimper: – É a sua enfermeira. Sim, alô. É o inspetor Bacon... Como é? Recaída grave... Sim... O dr. Quimper está aqui... Se quiser falar com ele...

Passou o fone ao doutor.

– É o dr. Quimper. Sei... Sim... Certo... Sim, pode ir fazendo isso. Estamos a caminho.

Pôs o fone no gancho e virou-se para Bacon.

– O que houve?

– Alfred – disse o dr. Quimper. – Está morto.

Capítulo 20

I

Do outro lado da linha, a voz de Craddock ergueu-se, incrédula.

– Alfred? – indagou. – *Alfred*?

O inspetor Bacon, aproximando o fone, indagou:

– Não esperava por isso?

– Não mesmo. Na verdade, era meu principal suspeito!

– Soube que ele foi reconhecido pelo cobrador. A coisa não parecia boa para ele. Sim, tudo indicava que havíamos encontrado o assassino.

– Bem – retrucou Craddock sem emoção –, estávamos errados.

Houve um instante de silêncio. Então Craddock perguntou:

– E a enfermeira encarregada? Como ela deixou isso acontecer?

– Não podemos culpá-la. A srta. Eyelesbarrow estava esgotada e tinha ido descansar um pouco. A enfermeira ficou com cinco pacientes para controlar: o velho, Emma, Cedric, Harold e Alfred. Não podia estar em mais de um lugar ao mesmo tempo. Parece que o velho sr. Crackenthorpe teve um faniquito. Disse que ia morrer. Ela correu ao quarto dele e o acalmou. Quando voltou ao quarto de Alfred, ofereceu-lhe chá com açúcar. Ele tomou e é isso.

– Arsênico outra vez?

– É o que parece. Claro que pode ter sido uma recaída, mas Quimper não acredita nessa hipótese, e Johnstone concorda com ele.

– Fico pensando... – ponderou Craddock, com certa dúvida. – Será que a vítima deveria ter sido *Alfred*?

Bacon aguçou o interesse.

– Entendo. Ninguém lucraria um centavo com a morte de Alfred, enquanto a morte do velho beneficiaria a todos... *Pode* ter havido um engano... Alguém *pode* ter pensado que o chá era para o velho.

– Tem certeza de que o veneno foi ministrado dessa maneira?

– Não, é claro, não temos certeza. A enfermeira, como toda boa enfermeira, lavou toda a louça. Xícaras, colheres, bule... tudo. Mas parece o único método plausível.

– Em outras palavras – disse Craddock, pensativo –, um dos pacientes não estava tão doente quanto os outros, aproveitou a oportunidade e envenenou a xícara?

– Bem, agora acabou a brincadeira – afirmou o inspetor Bacon com severidade. – Temos duas enfermeiras, sem falar na srta. Eyelesbarrow. E dois policiais. Vai vir para cá?

– O mais rápido que eu puder!

II

Exausta e pálida, Lucy Eyelesbarrow atravessou o hall para recepcionar o inspetor Craddock.

– Tem passado por maus bocados – comentou Craddock.

– Parece um pesadelo sem fim – concordou Lucy. – Ontem à noite cheguei a pensar que *todos* iam morrer.

– Sobre o curry...

– Foi o curry?

– Batizado com arsênico... Algo digno de uma Lucrécia Bórgia.

– Se isso for verdade – inferiu Lucy –, deve ter sido (só pode ter sido) alguém da família.

– Nenhuma outra possibilidade?

– Não. Só comecei a fazer esse maldito curry bem tarde, depois das seis. Pedido especial do sr. Crackenthorpe. Tive de abrir uma lata nova de pó de curry... Então *isso* não poderia ter sido envenenado com antecedência. Imagino que o curry disfarçaria o gosto.

– Arsênico não tem gosto de nada – respondeu Craddock distraído. – Bem, agora vamos ver quem teve oportunidade. Qual deles teve chance de adulterar o curry enquanto ele era cozinhado?

Lucy refletiu.

– Pensando bem, qualquer um poderia ter se esgueirado na cozinha enquanto eu estava colocando a mesa na sala de jantar.

– Sei. Quem estava na casa? O velho sr. Crackenthorpe, Emma, Cedric...

– Harold e Alfred. Os dois tinham chegado de Londres à tarde. Ah, e Bryan... Bryan Eastley. Mas ele saiu antes do jantar. Ia se encontrar com um sujeito em Brackhampton.

Craddock comentou meditativo:

– Isso tem ligação com a doença do velho no Natal. Quimper suspeitou de arsênico. Todos pareciam igualmente doentes ontem à noite?

Lucy pensou um pouco.

– Acho que o sr. Crackenthorpe parecia pior. O dr. Quimper teve que se desdobrar para conseguir salvá-lo. Médico excelente, diga-se de passagem. Cedric foi quem fez mais estardalhaço. Pessoas fortes e saudáveis sempre fazem.

– E quanto a Emma?

– Ficou muito mal.

– Por que justo Alfred? – comentou Craddock.

– Pois é – disse Lucy. – Será que *deveria ter sido* Alfred?

– Engraçado... perguntei a mesma coisa!

– Parece tão sem objetivo.

– Se ao menos eu conseguisse entender o motivo para tudo isso – disse Craddock. – Não faz sentido. A jovem estrangulada no sarcófago era Martine, a viúva de Edmund. Vamos tomar isso como certo. A esta altura existem evidências claras disso. *Deve* haver uma conexão entre o assassinato dela e o envenenamento de Alfred. Está tudo aqui, escondido no seio familiar. Nem mesmo considerar que um deles é maluco ajuda.

– É verdade – concordou Lucy.

– Bem, cuide-se – aconselhou Craddock. – Há um envenenador na casa, não se esqueça disso. E um dos pacientes lá em cima provavelmente não está tão doente quanto representa.

Após a saída de Craddock, Lucy subiu as escadas sem pressa. Uma voz autoritária, um tanto debilitada pela doença, a chamou quando passava em frente ao quarto do sr. Crackenthorpe.

– Mocinha... mocinha... é você? Entre aqui.

Lucy entrou no quarto. O sr. Crackenthorpe estava deitado na cama, bem escorado numa pilha de travesseiros. Para um homem doente, pensou Lucy, aparentava uma disposição extraordinária.

– A casa está cheia de malditas enfermeiras – reclamou o sr. Crackenthorpe. – Zanzando para cima e para baixo, com ares de importância, medindo minha temperatura, não me deixando comer o que eu quero comer... Tudo isso deve estar custando os olhos da cara! Diga a Emma para mandar toda essa gente embora. Você pode cuidar muito bem de mim.

– Todo mundo adoeceu, sr. Crackenthorpe – argumentou Lucy. – Sabe que não posso cuidar de todos sozinha.

– Cogumelos! – exclamou o sr. Crackenthorpe. – Coisas para lá de perigosas. Foi aquela sopa que tomamos ontem à noite. Você que preparou – acrescentou em tom acusador.

– Não havia nada de errado com os cogumelos, sr. Crackenthorpe.

– Não estou dizendo que a culpa foi sua, mocinha. Essas coisas acontecem. Sei que você é uma boa moça. Não faria isso de propósito. Como está Emma?

– Bem melhor hoje à tarde.

– Ah, e Harold?

– Melhorou também.

– E que história é essa que Alfred bateu as botas?

– Não era para ninguém ter lhe contado, sr. Crackenthorpe.

O sr. Crackenthorpe riu-se divertida e ruidosamente.

– Tenho boa audição – disse ele. – Ninguém consegue esconder as coisas de mim. Bem que tentam. Então Alfred está morto? *Menos um* parasita me explorando. E menos um para receber o dinheiro também. Todos torciam para que eu morresse logo, sabe... Alfred em especial. Agora *ele* que está morto. Isso é o que eu chamo de piada divertida.

– Não é muito bondoso de sua parte, sr. Crackenthorpe – criticou Lucy com severidade.

O sr. Crackenthorpe riu de novo.

– Vou viver mais do que todos eles – tripudiou. – Espere para ver, mocinha... Espere para ver.

Lucy rumou a seu quarto, pegou o dicionário e procurou a palavra “tontina”. Fechou o dicionário, pensativa, olhando fixo à frente.

III

– Não entendo por que os senhores vieram me procurar – comentou o dr. Morris, irritadiço.

– O senhor conhece a família Crackenthorpe há bastante tempo – justificou o inspetor Craddock.

– Sim, conheci todos os Crackenthorpe. Lembro-me do velho Josiah Crackenthorpe. Uma pessoa difícil... mas tino para os negócios não lhe faltava. Fez fortuna. – O velho dr. Morris mudou de posição na cadeira, mirou o inspetor Craddock sob as espessas sobrancelhas e continuou: – Então vocês deram ouvidos ao Quimper, aquele jovem tolo. Esses jovens médicos! Tão entusiasmados! Sempre com ideias na cabeça. Encasquetou que alguém estava tentando envenenar Luther Crackenthorpe. Tolice! Melodrama! Claro, ele sofria de crises gástricas. Cheguei a prescrever medicação para tratá-las. Não eram frequentes... E não havia nada de estranho nelas.

– O dr. Quimper – retorquiu Craddock – pensa que tinham.

– Médicos não devem pensar. Afinal de contas, acho que sou capaz de reconhecer envenenamento por arsênico.

– Não foram poucos os médicos de renome que não conseguiram diagnosticar – salientou Craddock. – Por exemplo – puxou pela memória –, o caso Greenbarrow, a sra. Teney, Charles Leeds e três membros da família Westbury. Todos enterrados bonitinhos sem os médicos responsáveis levantarem a mínima suspeita. Médicos capazes e bem-conceituados.

– Certo – concordou o dr. Morris. – Está dizendo que cometi um engano. Bem, *continuo* achando que não. – Fez uma pausa e então disse: – Quem era o envenenador na opinião de Quimper, se é que havia um?

– Ele não sabia – disse Craddock. – Estava preocupado. Afinal, o senhor sabe – acrescentou –, há bastante dinheiro envolvido.

– Sim, sei, dinheiro que eles vão herdar quando Luther Crackenthorpe morrer. E que eles querem com fervor. Isso é verdade, mas daí não se conclui que matariam o velho pelo dinheiro.

– Não necessariamente – concordou o inspetor Craddock.

– Em todo caso – falou o dr. Morris –, tenho por princípio não levantar suspeitas sem fundamento. Fundamento! – repetiu ele. – Admito: o que o senhor me contou me deixou um pouco perturbado. Arsênico em grande escala, tudo indica... Mas ainda não entendo por que o senhor veio *me* procurar. Tudo o que eu posso afirmar é que *eu* nunca desconfiei de nada. Talvez devesse ter desconfiado. Talvez eu devesse ter levado aquelas crises gástricas de Luther Crackenthorpe mais a sério. Mas depois disso já passou muita água por baixo da ponte.

Craddock concordou.

– O que eu desejo mesmo – falou ele – é conhecer um pouco mais da família Crackenthorpe. Algum deles demonstrava traço de doença mental... ou algum desvio de comportamento?

Debaixo das sobrancelhas espessas, olhos mordazes miraram o inspetor.

– Sim, entendo que os senhores tenham pensado nessa hipótese. Bem, a saúde mental do velho Josiah era perfeita. Insensível, mas era o jeitão dele. A mulher, neurótica com tendência à depressão. Veio de uma família degenerada por casamentos consanguíneos. Morreu pouco depois de dar à luz o segundo filho. Diria que Luther herdou certa... vamos dizer, instabilidade da mãe. Foi um adolescente normal, mas sempre às turras com o pai. O pai estava decepcionado com ele, e eu acho que isso o deixava ressentido e acabrunhado. No final, se tornou uma espécie de obsessão. Transmitiu um pouco disso à vida de casado. Vai notar, se tirar um tempo para conversar com ele, que ele tem forte aversão pelos filhos. De Emma ele gosta. Como gostava de Edie... a falecida.

– Por que os filhos o desagradam tanto? – quis saber Craddock.

– Vai ter de consultar um desses psiquiatras modernos para descobrir. Diria apenas que Luther sempre se sentiu deslocado, e que sua posição financeira lhe causa profundo ressentimento. Tem acesso a rendimentos, mas nenhum poder sobre o capital. Se tivesse o poder de deserdar os filhos, talvez não os detestasse tanto. A impotência a esse respeito lhe causa um sentimento de humilhação.

– É por isso que a ideia de sobreviver a todos eles lhe agrada tanto? – indagou o inspetor Craddock.

– É possível. E essa também é a raiz de sua avareza. Conseguiu economizar uma soma considerável de sua grande renda... A maior parte, é claro, antes de os impostos subirem às taxas astronômicas de hoje.

O inspetor Craddock teve uma nova ideia.

– Ele não fez um testamento legando as economias a alguém? Isso ele *pode* fazer.

– Ah, sim, mas só Deus sabe para quem ele vai deixar o dinheiro. Talvez para Emma, mas eu duvido muito. Ela vai receber sua fatia do capital do avô. Talvez para o neto Alexander.

– O velho gosta dele, não? – perguntou Craddock.

– Gostava, sim. Claro, afinal era rebento da filha e não de um filho. Isso pode ter feito diferença. E também tinha certa afeição por Bryan Eastley, o marido de Edie. Claro, não conheço Bryan muito bem e faz um bom tempo que não vejo ninguém da família. Mas a impressão que ele me passa é que depois da guerra ficou meio perdido. As qualidades necessárias para o tempo de guerra não lhe faltam: coragem, ousadia e uma tendência a não se preocupar com o futuro. Mas não acredito que ele tenha *constância*. Acho que não vai conseguir se fixar em nada.

– Até onde o senhor sabe, ninguém da nova geração tem alguma esquisitice?

– Cedric é um tipo excêntrico, um desses rebeldes sem causa. Eu não diria que é perfeitamente normal, mas quem é, por acaso? Harold é ortodoxo até embaixo d'água, não bem aquilo que eu chamaria de uma personalidade muito agradável. Frio, sempre querendo levar vantagem em tudo. Alfred tem um quê de delinquente. É um desajustado, sempre foi uma ovelha negra. Uma vez o peguei em flagrante roubando dinheiro do cofre de donativos aos missionários que estava no hall. Esse tipo de coisa. Mas agora o pobre coitado está morto, melhor não ficar falando mal dele.

– E quanto a... – Craddock vacilou. – Emma Crackenthorpe?

– Boa moça, calada. Nem sempre a gente sabe o que ela está pensando. Tem ideias e planos próprios, mas não os compartilha com ninguém. Tem mais personalidade do que a gente imagina por sua aparência.

– Conheceu Edmund, o filho morto na França?

– Sim. O melhor da turma. De bom coração, alegre, um ótimo rapaz.

– Já ouviu falar que ele esteve prestes a se casar ou se casou com uma moça francesa pouco antes de morrer?

O dr. Morris franziu o cenho.

– Essa história não me é estranha – disse ele. – Mas faz muito tempo.

– No comecinho da guerra, não foi?

– Sim. Bem, arrisco-me a dizer que ele teria se arrependido se casasse com uma estrangeira.

– Pois há razões para acreditarmos que o casamento aconteceu – comentou Craddock.

Em poucas frases relatou os acontecimentos recentes.

– Lembro ter lido algo nos jornais sobre uma jovem encontrada num sarcófago. Então foi em Rutherford Hall.

– E há motivos para crer que a mulher era a viúva de Edmund Crackenthorpe.

– Bem, isso é incrível. Mais parece livro do que realidade. Mas quem lá ia querer matar a coitada... E que relação isso tem com o envenenamento por arsênico da família Crackenthorpe?

– Só vejo uma possibilidade – disse Craddock. – Mas é um tanto forçada. Alguém muito ganancioso quer toda a fortuna de Josiah Crackenthorpe.

– Alguém muito imbecil – disse Morris. – Só vai enriquecer o governo pagando um estupendo imposto de renda.

CAPÍTULO 21

– Cogumelos... coisa mais asquerosa – sentenciou a sra. Kidder.

Era a décima vez que a sra. Kidder fazia a mesma observação nos últimos dias. Lucy não respondeu.

– Nunca experimentei – afirmou a sra. Kidder. – Muito perigoso. Misericórdia divina ter morrido só um. Toda a família podia ter morrido. E a senhorita também. Safou-se bem dessa.

– Não foram os cogumelos – disse Lucy. – Não tinha nada de errado com eles.

– Já imaginou? – recomeçou a sra. Kidder. – Que coisa perigosa comer cogumelos. Basta um venenoso no meio para fazer o estrago. Engraçado – continuou ela, em meio ao tilintar de pratos e travessas na pia –, desgraça pouca é bobagem. Minha sobrinha pegou sarampo. Meu pequeno Ernie caiu e quebrou o braço. E meu marido apareceu cheio de furúnculos. Tudo na mesma semana! Difícil de acreditar, não é? E aqui foi a mesma coisa – prosseguiu a sra. Kidder –, primeiro aquele assassinato repugnante e agora o sr. Alfred morre comendo um cogumelo venenoso. Quero saber quem vai ser o próximo da lista.

Lucy sentiu-se desconfortável, pois também queria saber.

– Se fosse pelo meu marido, eu parava de trabalhar aqui – comentou a sra. Kidder. – Ele acha que traz má sorte. Mas respondo que conheço a srta. Crackenthorpe há muito tempo. Ela é um amor de pessoa e precisa de mim. Digo também que não vou deixar a pobrezinha da srta. Eylesbarrow na mão, sozinha com todo o serviço da casa. Justo agora, com tanta bandeja pra cima e pra baixo.

Lucy teve de admitir. A rotina atual consistia principalmente em administrar bandejas. Naquele instante, arrumava as bandejas para levar aos vários pacientes.

– Essas enfermeiras não mexem uma palha pra ajudar – criticou a sra. Kidder. – Só sabem encomendar as refeições e pedir bules e mais bules de chá. E o chá nunca é forte o suficiente! Estou por aqui.

Falou em tom de grande satisfação, mas na realidade fizera pouco mais que o habitual trabalho matutino.

Lucy disse em tom solene:

– A senhora sempre faz o seu melhor, sra. Kidder.

A sra. Kidder pareceu satisfeita. Lucy pegou a primeira bandeja e levou escadaria acima.

– O que é *isso*? – questionou o sr. Crackenthorpe em tom de reprimenda.

– Caldo de carne e pudim – informou Lucy.

– Leve embora – ordenou o sr. Crackenthorpe. – Não vou nem provar isso aí. Quero um bife!

– Ordens expressas do dr. Quimper. O senhor não deve comer carne ainda – argumentou Lucy.

O sr. Crackenthorpe bufou com desdém.

– Estou praticamente recuperado. Amanhã vou estar de pé. Como estão os outros?

– O sr. Harold está bem melhor – disse Lucy. – Amanhã retorna a Londres.

– Já vai tarde – retrucou o sr. Crackenthorpe. – E quanto a Cedric... Alguma esperança de voltar para sua ilha amanhã?

– Ainda não.

– Que pena. E Emma? O que ela está fazendo que não vem me ver?

– Ela ainda está de cama, sr. Crackenthorpe.

– Mulheres... criaturas mimadas – retorquiu o sr. Crackenthorpe. – Mas você é intensa e vigorosa – elogiou. – Não para um segundo o dia todo!

– Não posso me queixar de falta de exercício – respondeu Lucy.

O velho sr. Crackenthorpe balançou a cabeça, aprovador.

– Você é intensa e vigorosa – repetiu ele. – Não vá pensar que esqueci nossa conversinha. Não perde por esperar. Emma não vai fazer sempre as coisas do jeito dela. E não dê bola aos outros quando dizem que sou um velho avarento. Sou apenas precavido. Tenho um bom pé-de-meia e sei como vou gastá-lo quando chegar a hora.

Espichou um olhar lascivo na direção de Lucy e estendeu a mão para agarrá-la.

Lucy bateu em retirada e levou a segunda bandeja para Emma.

– Ah, obrigada, Lucy. Estou me sentindo eu mesma de novo. Que fome! É um bom sinal, não acha? Minha querida – continuou Emma enquanto Lucy descansava a bandeja em seu colo –, estou preocupada com sua tia. Não tem tido tempo de vê-la, não é?

– Para falar a verdade, não.

– Ela deve sentir a sua falta.

– Ah, não se preocupe, srta. Crackenthorpe. Ela compreende a terrível situação que estamos passando.

– Tem telefonado para ela?

– Ultimamente não.

– Então faça isso. Ligue para ela todos os dias. Só o fato de receber notícias já alegra bastante as pessoas de idade.

– A senhorita é tão amável – afirmou Lucy. Sentiu a consciência pesada enquanto descia para apanhar a próxima bandeja. Com os problemas de saúde na casa, ficara completamente absorta e não tivera tempo de pensar em mais nada. Decidiu ligar para Miss Marple depois de levar a refeição a Cedric.

Agora só havia uma enfermeira na casa. Passou por Lucy entre os lances da escadaria, trocando cumprimentos.

Cedric, incrivelmente bem arrumado e bem vestido, sentado na cama com as costas eretas, escrevia sem parar em folhas avulsas.

– Olá, Lucy – saudou. – Que diabo de infusão trouxe hoje? Por que não se livra dessa enfermeira detestável? Sempre falando com ares de superioridade. Ela me chama de "nós", sei lá por quê. "E como estamos esta manhã? Dormimos bem? Puxa vida, como somos malcriados desarrumando a roupa de cama desse jeito."

Imitou em falsete o esmerado timbre de voz da enfermeira.

– Parece contente hoje – observou Lucy. – O que tanto escreve?

– Planos – respondeu Cedric. – Planos sobre o que fazer com a propriedade quando o velho passar desta para melhor. É um bom pedaço de terra, sabe. Ainda não resolvi se eu mesmo faço um empreendimento imobiliário ou se vendo todos os lotes numa tacada só. Muito valorizados para fins industriais. A casa pode ser transformada em clínica geriátrica ou escola. Não sei se não acabo vendendo metade da terra e aplico o dinheiro para fazer algo exorbitante na outra metade. O que acha?

– Ainda não é sua – limitou-se a dizer Lucy.

– Mas será – retorquiu Cedric. – E não vai ser dividida como o restante. Vai ser só *minha*. E se eu vendê-la por uma boa bolada, o dinheiro será capital, não renda. Então não vou precisar pagar imposto sobre o valor. Vou nadar em dinheiro. Pense nisso.

– Ué – questionou Lucy –, não é você quem despreza dinheiro?

– Desprezo enquanto não tenho – explicou Cedric. – É a única coisa nobre a fazer. Lucy, você está cada vez mais encantadora. Ou só penso isso porque não vejo mulher bonita há um bom tempo?

– Assim espero – comentou Lucy.

– Ainda ocupada arrumando tudo e todos?

– Parece que alguém andou arrumando você – disse Lucy com um olhar avaliativo.

– Foi aquela maldita enfermeira – falou Cedric, melindrado. – Já aconteceu o inquérito sobre Alfred? Alguma novidade?

– Foi adiado – contou Lucy.

– A polícia está cheia de segredos. Esse envenenamento em massa arrepia a gente, não? Mentalmente, quero dizer. Não me refiro aos aspectos mais óbvios.

Acrescentou:

– É melhor tomar cuidado, garota.

– Pode deixar – disse Lucy.

– Alexander já retornou à escola?

– Acho que ele continua na casa dos Stoddard-West. Se não me engano, depois de amanhã começam as aulas.

Antes mesmo de almoçar, Lucy foi ao telefone e ligou a Miss Marple.

– Sinto muito por não visitá-la, mas ando bastante ocupada.

– Claro, minha querida, claro. Além disso, não há nada a fazer no momento. Temos apenas de esperar.

– Sim, mas o que estamos esperando?

– Elspeth McGillicuddy deve estar chegando em breve – disse Miss Marple. – Escrevi a ela pedindo que pegasse o primeiro avião a Londres. Frisei que era obrigação dela. Então, querida, não se preocupe – apaziguou Miss Marple, com a voz terna e tranquilizadora.

– A senhora não pensa que... – começou Lucy e então parou.

– Que haverá mais mortes? Ah, espero que não, meu bem. Mas nunca se sabe, não é? Ainda mais quando o caso envolve um assassino perverso. E acho que neste caso perversidade é o que não falta.

– Ou loucura – disse Lucy.

– Claro que esse é o jeito moderno de ver as coisas. Eu não concordo.

Lucy despediu-se, colocou o fone no gancho e pegou a bandeja com seu almoço. A sra. Kidder tirara o avental e estava pronta para sair.

– Vai ficar bem, senhorita? – perguntou solícita.

– Claro que vou – retorquiu Lucy com rapidez.

Em vez de ir à grande e sombria sala de jantar, levou a bandeja ao pequeno gabinete. Nem bem terminou de almoçar quando a porta se abriu e Bryan Eastley entrou.

– Olá – disse Lucy. – Visita inesperada.

– Imagino que sim – falou Bryan. – Como está o pessoal?

– Ah, muito melhor. Harold volta amanhã a Londres.

– O que pensa sobre tudo isso? Foi arsênico mesmo?

– Arsênico, sem dúvida – disse Lucy.

– Ainda não saiu nos jornais.

– É. Acho que a polícia está mantendo segredo por enquanto.

– Alguém não deve gostar nem um pouco da família – observou Bryan. – Quem teve mais oportunidade de agir às escondidas e sabotar a comida?

– Acho que quem teve mais oportunidade fui eu mesma – reconheceu Lucy.

Bryan a mirou aflito.

– Mas não foi você, não é? – indagou, um pouco chocado.

– Não. Não fui – disse Lucy.

A rigor, ninguém poderia ter envenenado o curry. Ela preparou o prato sem a ajuda de ninguém e o levou à mesa. A comida só poderia ter sido envenenada pelas cinco pessoas que se sentaram à mesa.

– Quero dizer... O que você ganharia com isso? – disse Bryan. – Não significam nada para você, não é? – E acrescentou: – Não se importa de eu ter voltado assim, sem avisar?

– Claro que não. Vai ficar uns dias?

– Eu gostaria. Se não for incômodo.

– Não é incômodo algum.

– Sabe, no momento não estou trabalhando e me sinto... Bem, me sinto entediado. Tem certeza de que não se importa?

– Ah, na verdade não sou eu a pessoa indicada para responder. Emma é a dona da casa.

– Ah, Emma é tranquila – disse Bryan. – Sempre me tratou bem. À sua maneira, é claro. Não se abre muito e esconde as qualidades, a boa Emma. Morar aqui cuidando do velho causaria depressão em muita gente. É uma pena ela não ter se casado. Agora é tarde, suponho.

– Não acho nada tarde – discordou Lucy.

– Bem... – ponderou Bryan. – Um pastor, talvez – disse ele esperançoso. – Ela seria útil na paróquia e saberia lidar com a União das Mães Anglicanas. Não que eu saiba o que isso significa, mas de vez em quando a gente lê isso nos livros. E ela usaria chapéu aos domingos – acrescentou ele.

– Não me parece ter muito futuro – redarguiu Lucy, erguendo-se e apanhando a bandeja.

– Deixe comigo – ofereceu-se Bryan, pegando a bandeja da mão de Lucy. Foram juntos até a cozinha. – Quer ajuda com a louça? Gosto dessa cozinha – acrescentou. – Sei que não é o tipo de coisa que as pessoas gostam hoje em dia, mas sinto prazer de estar nesta casa. Gosto não se discute. Tem espaço para aterrissar um avião no jardim – emendou entusiasmado.

Pegou um pano de prato e começou a secar os talheres.

– É um desperdício ficar com Cedric – observou ele. – A primeira coisa que ele vai fazer é vender tudo e sair viajando de novo mundo afora. Eu não consigo entender por que ninguém se contenta com a Inglaterra. Harold também não ia querer esta casa. E claro que para Emma é muito grande. Mas se ficasse com Alexander, ficaríamos contentes como dois pintos no lixo. Claro, seria ótimo ter uma presença feminina em casa. – Mirou Lucy, enigmático. – Ah, mas de que adianta ficar falando? Para Alexander herdar a propriedade, teria de morrer todo mundo primeiro. Coisa meio difícil, não é? E pelo que eu conheço do velho, ele é capaz de viver cem anos, só para irritar os filhos. Aposto que nem ficou sentido com a morte de Alfred, ficou?

Lucy respondeu apenas:

– Não, não ficou.

– Velhote endiabrado – falou risonho Bryan Eastley.

Capítulo 22

– Andam dizendo cada coisa – iniciou a sra. Kidder. – Mesmo sem querer a gente escuta. Mas é difícil de acreditar. – Esperou ansiosa.

– Só imagino – comentou Lucy.

– O cadáver encontrado no celeiro – prosseguiu a sra. Kidder, esfregando o piso da cozinha engatinhando de lado como caranguejo –, falam que foi um capricho do sr. Edmund durante a guerra. Ela veio até aqui, o marido ciumento veio atrás e a matou. Bem o tipo de coisa que um estrangeiro faria, mas seria difícil depois de tanto tempo, não é?

– Dificílimo.

– Mas tem coisa pior ainda – retomou a sra. Kidder. – O povo não perdoa. A senhorita ficaria pasma. Há gente dizendo que o sr. Harold casou no estrangeiro. A mulher veio pra Inglaterra, descobriu que ele já era casado com aquela dona Alice e ameaçou processá-lo. Ele a encontrou aqui e acabou com ela. E depois escondeu o cadáver no sarcófago. Já pensou?!

– Que horror – ponderou Lucy vagamente, a cabeça noutro lugar.

– Claro que não dou bola – afirmou a sra. Kidder, virtuosa. – Não perco meu tempo com isso. Fico abismada como as pessoas conseguem pensar, que dirá ficar falando essas coisas. Só torço para que nada disso chegue aos ouvidos de dona Emma. Muito correta, a dona Emma. Nunca ouvi ninguém dar um pio contra ela. E claro, depois que o sr. Alfred morreu, ninguém mais fala mal dele. O pessoal gosta de julgar antes da hora. É horrível como as pessoas são maldosas, não acha?

A sra. Kidder falava com prazer infinito.

– Deve ser um sacrifício para a senhora escutar – ponderou Lucy.

– Ah, é – concordou a sra. Kidder. – E como é. Eu falo pro meu marido, como é que se acham no direito?

Tocou a sineta.

– É o doutor, senhorita. Vai atender ou quer que eu vá?

– Eu vou – disse Lucy.

Mas não era o doutor. No degrau da porta, uma senhora alta e elegante num casaco de pele de marta. No cascalho da meia-lua frontal um silencioso Rolls era manobrado por um chofer.

– Por favor, eu poderia falar com a srta. Emma Crackenthorpe?

A voz atraente, os "erres" levemente indistintos. A mulher não menos atraente; 35 anos, cabelos castanhos, rosto belamente maquiado.

– Sinto muito – disse Lucy. – A srta. Crackenthorpe está acamada e não pode atender ninguém.

– Sei que ela está de cama, mas é imprescindível que eu a veja.

– Receio... – começou Lucy.

A visitante a interrompeu.

– A senhorita é Lucy Eyelesbarrow, não é? – Abriu um sorriso cativante. – Meu filho falou em você, é por isso que sei. Sou Lady Stoddart-West. Alexander está passando uns dias conosco.

– Ah, entendo – disse Lucy.

– É essencial que eu fale com a srta. Crackenthorpe – continuou. – Sei que ela está doente. Garanto que não é visita social. É algo que os meninos contaram... Meu filho contou. Um assunto de extrema relevância. *Preciso* falar com a srta. Crackenthorpe. Por favor, pode pedir a ela que me receba?

– Entre, por favor.

Lucy guiou a visitante à sala de estar. Então disse:

– Vou subir e consultar a srta. Crackenthorpe.

Subiu a escadaria, bateu à porta do quarto de Emma e entrou.

– Lady Stoddart-West está aqui – comunicou. – Diz que é um assunto particular.

– Lady Stoddart-West? – repetiu Emma, surpresa. E indagou, alarmada: – Aconteceu algo com os meninos... com Alexander?

– Não, não – tranquilizou-a Lucy. – Está tudo bem com os meninos. Parece que é algo que os meninos andaram contando a ela.

– Ah... – hesitou Emma. – Melhor recebê-la. Que tal estou, Lucy?

– Ótima, senhorita.

O xale rosa claro nos ombros realçava o suave róseo das maçãs do rosto de Emma, sentada direita na cama. O cabelo preto havia sido penteado e escovado com asseio pela enfermeira. Um dia antes, Lucy dispusera uma tigela de folhas outonais no toucador. O quarto emanava um ar agradável; nem parecia quarto de convalescente.

– Já poderia estar de pé – falou Emma. – O dr. Quimper autorizou-me a partir de amanhã.

– Nem se percebe que a senhorita esteve doente – afirmou Lucy. – Posso fazer Lady Stoddart-West subir?

– Por favor.

Lucy desceu as escadas.

– Quer me acompanhar até o quarto de srta. Crackenthorpe?

Escoltou a visitante escada acima, abriu a porta para ela passar e a fechou. Lady Stoddart-West aproximou-se da cama e estendeu a mão.

– Srta. Crackenthorpe? Peço desculpas por aparecer assim de supetão. Já nos conhecemos na escola, no dia das competições esportivas.

– Sim – disse Emma –, lembro-me bem da senhora. Sente-se, por favor.

Lady Stoddart-West sentou-se na cadeira adequadamente colocada ao lado da cama. Falou em voz calma e suave:

– Deve achar estranho eu aparecer assim de repente, mas tenho um motivo importante. Os meninos andaram me contando umas coisas. Ficaram empolgados com o assassinato que aconteceu aqui. Confesso que não gostei quando fiquei sabendo. Fiquei nervosa. Quis trazer James logo para casa. Mas meu marido achou graça de minha preocupação. Disse que o crime obviamente não tinha nada a ver com a casa nem com a família. E disse que, pelo que ele se lembrava da própria infância, e levando em conta as cartas de James, ele e Alexander deviam estar se divertindo tanto que seria pura crueldade tirá-los daqui. Então cedi e concordei que eles ficassem até a data combinada para James trazer Alexander à nossa casa.

Emma perguntou:

– Acha que devíamos ter mandado o seu filho para casa antes?

– Não, não foi isso que eu quis dizer. Ah, como isso é difícil para mim! Mas preciso dizer o que tenho a dizer. Os meninos contaram muitas coisas. Que a mulher... a mulher assassinada... que a polícia achava que ela podia ser a francesa que seu irmão mais velho... aquele morto na guerra... tinha conhecido na França. É isso mesmo?

– É uma possibilidade – disse Emma, a voz estremecendo de leve – que somos obrigados a avaliar. Pode ter sido assim.

– Há razão para acreditar que o corpo é daquela moça, essa Martine?

– Como disse, é possível.

– Mas o que... O que os levou a crer que ela era Martine? Ela trazia alguma carta com ela... algum documento?

– Não. Nada do tipo. Mas eu recebi uma carta dessa Martine.

– Recebeu uma carta... de *Martine*?

– Sim. Dizendo que estava na Inglaterra e gostaria de se encontrar comigo. Eu a convidei a vir até aqui, mas chegou um telegrama dizendo que ela ia voltar para a França. Talvez tenha voltado. Não sabemos. Mas então um envelope endereçado a ela foi encontrado aqui na propriedade. Isso parece indicar que ela veio até aqui. Mas realmente não entendo...

Emma parou de repente. Lady Stoddart-West atalhou:

– Não entende o que tenho a ver com isso? Realmente. Em seu lugar eu também não entenderia. Mas quando escutei a história (ou melhor, um relato confuso da história) tive de vir aqui para me certificar de que era verdade. Porque, se for verdade...

– Sim? – quis saber Emma.

– Então devo revelar algo que nunca quis revelar: *sou Martine Dubois.*

Emma a encarou sem conseguir captar o sentido das suas palavras.

– A senhora! – exclamou. – A senhora é Martine?

A outra assentiu com veemência.

– Sim. Sei que é uma surpresa, mas é verdade. Conheci Edmund no começo da guerra. Na verdade, aquartelou-se em nossa casa. Sabe o resto da história. Nos apaixonamos. Planejamos casar, mas então houve a retirada de Dunquerque. Edmund foi dado como desaparecido. Mais tarde disseram que tinha morrido. Não quero falar daquela época. Faz muito tempo e já superei. Mas quero dizer que seu irmão e eu nos amávamos...

“Então veio a horrível realidade da guerra. Os alemães ocuparam a França. Entrei na Resistência. Era uma das pessoas designadas a ajudar ingleses a voltarem para a Inglaterra. Assim conheci meu marido atual. Paraquedista da Força Aérea cumprindo missão especial na França. Com o fim da guerra nos casamos. Cheguei a pensar em lhe escrever ou visitar, mas decidi não fazê-lo. Não adiantaria nada ficar remoendo lembranças antigas. Tinha uma vida nova e não queria relembrar tudo.”

Fez uma pausa e continuou:

– Mas posso garantir que senti um estranho prazer ao descobrir que o melhor amigo de meu filho James na escola era o sobrinho de Edmund. Alexander, diga-se de passagem, tem o gênio parecido com o de Edmund, mas isso a senhorita deve saber melhor do que eu. Pareceu-me uma feliz coincidência que James e Alexander tivessem se tornado tão amigos.

Inclinou-se à frente e repousou a mão no braço de Emma.

– Por favor, querida Emma, entenda. Quando escutei a história do assassinato e soube que a vítima era a Martine que Edmund havia conhecido, fiquei na obrigação de vir e contar a verdade. Devemos informar isso à polícia. Seja lá quem for a vítima, não é Martine.

– Mal consigo acreditar – disse Emma – que a senhora, *a senhora* seja a Martine sobre quem o querido Edmund me escreveu. – Suspirou, meneando a cabeça. Então franziu a testa, perplexa: – Mas há uma coisa que não entendo. Então foi a senhora que me escreveu?

Lady Stoddart-West balançou a cabeça com veemência.

– Não, claro que não.

– Então... – Emma calou-se.

– Então alguém fingia ser Martine querendo extorquir dinheiro de sua família? Deve ter sido isso. Mas quem poderia ser?

Emma falou devagar:

– Imagino que naquela época alguém ficou sabendo...

A outra deu de ombros.

– Talvez. Mas eu não tinha amiga íntima, nenhuma amizade muito chegada. Nunca toquei no assunto com ninguém desde que me radiquei na Inglaterra. E por que esperar todo esse tempo? Esquisito, muito esquisito.

Emma disse:

– Não dá para entender. Vamos ver o que o inspetor Craddock tem a dizer a respeito. – Mirou a visitante com repentina ternura no olhar. – Estou tão contente por enfim conhecê-la, querida.

– Eu também... Edmund lhe adorava, sempre falava em você. Estou feliz em minha vida nova, mas mesmo assim não consigo esquecer.

Emma recostou-se e suspirou.

– É um alívio imenso – falou. – Enquanto existia a possibilidade de a vítima ser Martine, o crime parecia ligado à nossa família. Mas agora... ah, parece que um peso saiu de minhas costas. Não sei quem era a pobre alma, mas não tinha nada a ver *conosco*!

Capítulo 23

A longilínea secretária de Harold Crackenthorpe trouxe-lhe a costumeira xícara de chá vespertina.

– Obrigado, srta. Ellis, hoje vou cedo para casa.

– Se me permite, o senhor nem devia ter vindo, sr. Crackenthorpe – disse a srta. Ellis. – Ainda parece muito abatido.

– Estou bem – respondeu Harold Crackenthorpe.

Mas realmente se sentia abatido. Afinal, levara um susto tremendo. Mas agora tudo acabara.

Incrível, pensou Harold com seus botões. Alfred se foi e o velho sobreviveu. Afinal, que idade ele tinha... 73... 74? Inválido há anos. Pensando bem, se fosse para morrer alguém, esse alguém seria o velho. Mas não. Foi Alfred. Justo Alfred que, até onde Harold sabia, era o protótipo do sujeito atlético e saudável. Nunca ficava doente.

Recostou-se na cadeira num suspiro. A moça tinha razão. Não se sentia capaz de enfrentar a rotina de novo, mas quisera vir ao escritório. Queria ter uma ideia de como as coisas iam andando. No fio da navalha. Tudo aquilo – correu os olhos ao redor –, o escritório ricamente mobiliado, a madeira alva e brilhante, as caras e modernas cadeiras, tudo aparentava prosperidade e bonança! Esse havia sido o erro de Alfred. Se você aparenta prosperidade, as pessoas acreditam na sua prosperidade. Ainda não havia boatos sobre sua instabilidade financeira. Não obstante, a falência não poderia ser postergada por muito tempo. Se ao menos seu pai tivesse falecido em vez de Alfred... Com certeza ele que deveria ter falecido. Parecia que o arsênico fazia bem ao organismo do velho! Sim, se o seu pai tivesse morrido – bem, então não haveria mais nada com que se preocupar.

Como sempre, o principal era não demonstrar preocupação. Aparentar prosperidade. Ao contrário de Alfred, coitado, que sempre parecia preguiçoso e sem ambição, exatamente o que ele era, aliás. Um daqueles picaretas que nunca se esforçam para conquistar fortuna. Metido com uma gangue suspeita aqui, fazendo uma negociata ali, nunca se expondo o suficiente para levar um processo nas costas, mas sempre no limite. E aonde tudo isso o levara? Breves períodos de fartura e então desalento e miséria outra vez. Alfred nunca tivera perspectivas amplas. No frigir dos ovos, não se perdia muito com sua morte. Nunca fora especialmente amigo do irmão. Além disso, com ele fora do caminho, o dinheiro que viria daquele velho ranzinza, seu avô, aumentaria de modo considerável, sendo dividido em quatro partes em vez de cinco. Muito melhor.

O rosto de Harold animou-se um pouco. Ele ergueu-se, pegou casaco e chapéu e deixou o escritório. Melhor ir devagar por mais uns dias. Ainda não se sentia forte o suficiente. O carro o esperava lá embaixo, e pouco depois Harold trafegava nas ruas de Londres em direção à sua casa.

Darwin, seu criado, abriu a porta.

– A madame acaba de chegar, sir – informou.

Por um instante, Harold o encarou. Alice! Minha nossa, era hoje que Alice vinha para casa? Havia esquecido completamente. Ainda bem que Darwin o avisara. Não seria nada simpático subir as escadas e demonstrar grande surpresa ao vê-la. Não que tivesse alguma importância, imaginou. Nem Alice tampouco ele alimentavam ilusões sobre o que um sentia pelo outro. Talvez Alice gostasse dele... ele não sabia.

Tudo somado, Alice era uma grande decepção. Claro, ele não se apaixonara por ela; mas, apesar de simples, ela era até bem agradável. Sem dúvida, sua família e suas conexões haviam sido úteis. Talvez menos úteis do que esperava, pois, ao se casar com Alice, levou em conta filhos hipotéticos. Os filhos teriam boas amizades. Mas não vieram meninos nem meninas. Tudo o que restou foi ele e Alice envelhecendo juntos, sem muito a conversar e sem desfrutar nenhum prazer especial na companhia um do outro.

Ela ficava um bom tempo longe, na casa de parentes. Em geral passava o inverno na Riviera. Ela gostava, ele não se importava.

Subiu as escadas e a encontrou na sala de estar. Cumprimentou-a cerimonioso.

– Então está de volta, meu bem. Sinto não estar aqui para lhe esperar, fiquei preso no centro. Vim para casa o mais cedo que pude. Como estava San Raphael?

Alice contou como estava San Raphael. Magra, cabelo cor de areia, nariz adunco e vagos olhos cor de mel, a voz bem-educada, monótona e um tanto depressiva. Boa viagem de retorno, mar agitado na travessia do canal. Como sempre, alfândega cansativa em Dover.

– Por que não veio de avião? – indagou Harold, como de costume. – Tão mais simples.

– Sabe que não gosto de viagens aéreas. Nunca gostei. Fico nervosa.

– Economiza tempo – argumentou Harold.

Lady Alice Crackenthorpe não respondeu. Talvez o problema de sua vida não fosse economizar tempo, mas ocupá-lo. Com polidez, indagou sobre a saúde do marido.

– O telegrama de Emma me deixou bem alarmada – contou ela. – Todos vocês ficaram doentes, pelo que entendi.

– Sim – confirmou Harold.

– Li no jornal um dia desses – lembrou Alice – a respeito de quarenta hóspedes de um mesmo hotel, todos com intoxicação alimentar. Um perigo, isso. As pessoas guardam as coisas na geladeira por muito tempo.

– Talvez – disse Harold. Mencionar ou não mencionar o arsênico? Sem saber por que, ao mirar Alice, ele perdeu todo e qualquer ânimo de fazê-lo. Sentiu que no mundo de Alice não existia lugar para envenenamento por arsênico. Isso era coisa de jornal. Não acontecia com você nem com alguém da família. Mas acontecera na família Crackenthorpe...

Foi para o quarto descansar durante uma hora e meia. Arrumou-se para a janta. *Tête-à-tête* com a esposa, a conversa correu na mesma linha. Polida e sem entusiasmo. Conhecidos e amigos de San Raphael.

– Há um pacotinho para você na mesa do hall – falou Alice.

– É mesmo? Não notei.

– É inacreditável, me contaram que uma jovem assassinada foi encontrada no celeiro ou coisa parecida. Disseram que foi em Rutherford Hall. Imagino que deve haver outro lugar com o mesmo nome.

– Não – disse Harold –, não há. Foi em nosso celeiro mesmo.

– É mesmo, Harold! Uma jovem assassinada no celeiro de Rutherford Hall... E você nem se dignou a me contar nada!

– Bem, na verdade não tive muito tempo – explicou Harold. – Além disso, o assunto é bastante desagradável. Nada a ver conosco, é claro. A imprensa explorou o assunto até onde pôde. Claro que tivemos de lidar com a polícia e todo esse tipo de coisa.

– Que desagradável – concordou Alice. – Descobriram o autor do crime? – quis saber ela, com interesse bastante mecânico.

– Ainda não – disse Harold.

– Que tipo de mulher ela era?

– Ninguém tem ideia. Francesa, parece.

– Ah, *francesa* – ecoou Alice. Guardadas as proporções de camada social, sua entonação não havia sido muito diferente da do inspetor Bacon. – Que incômodo para todos vocês – concordou ela.

Saíram da sala de jantar e atravessaram o pequeno gabinete onde costumavam sentar quando estavam sozinhos. Harold sentia-se bastante exausto a esta altura. "Vou me deitar cedo", pensou.

Pegou na mesa do hall o pacote sobre o qual a esposa falara. Embrulhado em papel encerado com meticulosa precisão. Harold rasgou enquanto se aproximava da sua poltrona usual junto ao fogo.

Dentro havia uma caixinha de comprimidos com o lembrete "Dois por noite". Junto ao lembrete lia-se um rótulo escrito pelo farmacêutico responsável em Brackhampton: "Enviado a pedido do dr. Quimper".

Harold Crackenthorpe franziu a testa. Abriu a caixa e observou os comprimidos. Sim, pareciam os mesmos comprimidos que estivera tomando. Mas Quimper não dissera que não precisava mais tomar? "Agora não precisa mais deles." Com certeza, fora isso que Quimper dissera.

– O que houve, querido? – perguntou Alice. – Parece preocupado.

– Ah... só uns comprimidos. Vinha tomando à noite. Mas tenho quase certeza de que o doutor disse que não era mais para tomar.

A mulher disse com placidez:

– Vai ver que ele disse para você não se esquecer de tomar.

– Pode ser – disse Harold em dúvida.

Ele a fitou. Ela o observava. Por um instante, ficou curioso por saber – Alice não costumava atiçar sua curiosidade – o que exatamente ela estava pensando. Aquele olhar doce não lhe dizia nada. Os olhos de Alice pareciam janelas de uma casa vazia. O que ela pensava dele, o que sentia por ele? Alguma vez estivera apaixonada por ele? Imaginava que sim. Ou casou-se com ele porque pensou que ele estava progredindo no meio financeiro e estava cansada da existência sem recursos? Se fosse assim, em linhas gerais, o plano dera certo. Carro e casa em Londres, viagens ao estrangeiro quando bem entendia e roupas caras, que só Deus sabia por que nunca caíam bem em Alice. Sim, no geral ela tivera sucesso. Ficou pensando se ela concordaria com isso. Ela não gostava muito dele, é claro, mas a recíproca era verdadeira. Não tinham nada em comum, nada para conversar nem memórias para compartilhar. Se o casamento tivesse gerado filhos, mas não... Estranho que a única criança da família fosse o menino de Edie. A menina Edie. Tolinha, casar-se às pressas em tempo de guerra. Bem, não podia fazer nada se ela não quis escutar seus conselhos.

Ele dissera:

"Muito bonito, esses jovens pilotos ousados. Deslumbramento, coragem etc. Mas na paz isso não serve para nada. Talvez mal consiga sustentar você."

Edie respondera: o que importava? Ela amava Bryan e Bryan a amava, e ele provavelmente seria morto logo. Por que não seriam felizes enquanto era tempo? Que diferença fazia olhar ao futuro quando a qualquer minuto podiam ser bombardeados? E, afinal, respondeu Edie, o futuro não importava mesmo. Mais cedo ou mais tarde herdaria o dinheiro do avô.

Harold remexeu-se inquieto na cadeira. Realmente, aquele testamento do avô havia sido injusto! Deixou todo mundo na corda bamba. O testamento desagradou a gregos e a troianos. Não agradou aos netos e deixou o filho estupefato. E agora o velho garotão estava mesmo decidido a não morrer. Por isso cuidava tanto da saúde. Mas sua morte não tardaria. Com certeza, sua morte não tardaria. Mas se ele não morresse... Ao pensar nisso, todas as preocupações de Harold afloraram outra vez. Sentiu-se tonto, doente e cansado.

Notou que Alice continuava a observá-lo. De algum modo, aqueles olhos esmaecidos e pensativos o deixaram inquieto.

– Vou dormir – disse ele. – É meu primeiro dia de volta ao trabalho.

– Sim – disse Alice. – Boa ideia. Tenho certeza de que o doutor aconselhou a recomeçar aos poucos.

– Os médicos sempre dizem isso – comentou Harold.

– E não se esqueça de tomar os comprimidos, querido – lembrou Alice. Pegou a caixa e lhe entregou.

Ele deu boa-noite e subiu a escadaria. Sim, ele precisava dos comprimidos. Teria sido um erro parar de tomar tão cedo. Colocou dois na boca e os engoliu com um copo d'água.

Capítulo 24

– Ninguém faria pior do que eu – disse Dermot Craddock com melancolia.

Exausto, triste e desanimado, sentou-se e esticou as pernas, cena um pouco incongruente na sala um tanto supermobiliada da fiel Florence.

Miss Marple emitiu ruídos suaves e reconfortantes de discordância.

– Que nada. Está fazendo um ótimo trabalho, querido. Ótimo trabalho mesmo.

– Ótimo, é? Deixei uma família inteira ser envenenada. Alfred Crackenthorpe morreu e agora Harold também. Alguém pode me dizer o que diabo está acontecendo? Isso que eu gostaria de saber.

– Comprimidos envenenados – disse Miss Marple pensativa.

– Sim. Astúcia realmente diabólica. Iguaizinhos aos comprimidos que ele estava tomando. Vieram com uma tira impressa onde se lia: "Por prescrição do dr. Quimper". Ora, Quimper não os encomendou. Tinha o rótulo da farmácia. O farmacêutico também não sabia de nada. Sim. A caixa de comprimidos veio de Rutherford Hall.

– *Tem certeza* de que veio de Rutherford Hall?

– Sim. Fizemos uma checagem completa. Para ser mais exato, é a caixa que guardava os sedativos receitados a Emma.

– Ah, entendo. Para Emma...

– Sim. Na caixa havia impressões digitais de quatro pessoas: de Emma, das duas enfermeiras e do farmacêutico que preparou os sedativos. E de ninguém mais, é lógico. Quem enviou foi cauteloso.

– E os comprimidos de sedativos foram trocados por outros?

– Sim. Esse que é o tormento dos comprimidos. Não se distingue um do outro.

– Tem toda razão – concordou Miss Marple. – Lembro tão bem da minha juventude, quando não havia comprimidos. Tinha o xarope *preto*, o xarope *marrom* (especial para tosse), o xarope *branco* e o xarope *rosa* do dr. Fulano de Tal. As pessoas não se confundiam tanto. Inclusive na minha aldeia, St. Mary Mead, o pessoal ainda gosta desse tipo de medicina. Preferem xaropes em vez de comprimidos. O que havia nos comprimidos?

– Acônito. O tipo de comprimido em geral guardado num pote de veneno. Antes da aplicação são diluídos na proporção de 1:100.

– Então Harold tomou e morreu – disse Miss Marple, pensativa.

Dermot Craddock enunciou uma espécie de gemido.

– Espero que a senhora não se importe pelo desabafo – disse ele. – Tia Jane, eu precisava me abrir com a senhora. É assim que me sinto!

– É muita bondade sua – disse Miss Marple. – Fico agradecida. Você não é apenas o afilhado de Sir Henry. É um inspetor diferente de todos os outros. Tenho um carinho especial por você.

Dermot Craddock abriu um sorriso fugaz.

– Mas isso não muda os fatos: desde o começo fiz uma confusão danada – afirmou ele. – O delegado chama a Scotland Yard e o que recebe em troca? A Yard fazendo fiasco!

– Não, não... – contemporizou Miss Marple.

– Sim, sim! Não sei quem envenenou Alfred, não sei quem envenenou Harold e ainda por cima não tenho a mínima ideia da identidade da mulher assassinada! A história da Martine parecia uma aposta segura. Tudo parecia fechar. E agora o que acontece? A Martine verdadeira aparece e vem a ser, de modo implausível, a esposa de Sir Robert Stoddart-West. Então quem era a mulher no celeiro? Só Deus sabe. Primeiro embarco na ideia de que ela é Anna Stravinska, então sabemos que *ela* está viva...

Foi interrompido por uma daquelas tossidinhas peculiarmente significativas de Miss Marple.

– Será mesmo? – murmurou ela.

Craddock a fitou.

– Bem, aquele cartão-postal da Jamaica...

– Sim – ponderou Miss Marple –, mas isso não prova nada, não é? Quero dizer, qualquer um pode receber um cartão-postal enviado de qualquer lugar. Lembro-me do caso da sra. Brierly. Um colapso nervoso daqueles. Por fim, recomendaram a internação num hospital psiquiátrico para observação. Para que os filhos não descobrissem, escreveu catorze cartões-postais e providenciou que eles fossem postados de diferentes locais no estrangeiro. Contou aos filhos que ia passar as férias no exterior. – Acrescentou, mirando Dermot Craddock. – Entende o que eu quero dizer.

– Sim, é claro – disse Craddock, de olhos fixos nela. – Teríamos checado o cartão-postal se a história de Martine não se encaixasse tão bem.

– Tão conveniente – sussurrou Miss Marple.

– E fazia sentido – falou Craddock. – Afinal, existe a carta que Emma recebeu, assinada por Martine Crackenthorpe. Lady Stoddart-West não a enviou, mas *alguém* o fez. Alguém que fingia ser Martine e que pretendia lucrar, se possível, com esse fingimento. Não pode negar *isso*.

– Não.

– E então, o envelope da carta escrita por Emma para ela e remetida ao endereço de Londres. Encontrado em Rutherford Hall, mostrando que ela esteve mesmo lá.

– Mas a mulher assassinada *não* esteve lá! – salientou Miss Marple. – Não no sentido que *você* quer dizer. *Ela* só chegou a Rutherford Hall *depois de morta*. Empurrada para fora do trem no aterro da ferrovia.

– Ah, sim.

– O que o envelope prova mesmo é que o *assassino* esteve lá. Provavelmente pegou o envelope junto com outros documentos e pertences da vítima, então deixou cair sem querer... Ou... agora fico pensando, será que foi sem querer? Com certeza o inspetor Bacon e os homens da Yard fizeram um pente-fino no lugar, não fizeram? E não acharam nada. Só apareceu depois na sala da caldeira.

– Isso é compreensível – redarguiu Craddock. – Aquele velho jardineiro costuma recolher tudo que fica rolando e larga lá.

– Onde seria conveniente para os meninos acharem – cismou Miss Marple.

– Pensa que o envelope foi plantado?

– É uma hipótese. Afinal de contas, seria bem fácil descobrir o próximo lugar em que os meninos iam procurar, ou até mesmo sugerir que eles procurassem lá... Sim, isso me faz pensar. Com isso, vocês descartaram Anna Stravinska, não foi?

Craddock respondeu:

– Acha que era ela o tempo todo?

– Acho que *alguém* deve ter se alarmado quando você começou a investigá-la, só isso... Penso que alguém não queria essas investigações.

– Vamos partir do pressuposto de que alguém planejou se fazer passar por Martine – raciocinou Craddock. – E então por alguma razão... Deixou de fazê-lo. Por quê?

– Pergunta pertinente – ponderou Miss Marple.

– Alguém envia um telegrama dizendo que Martine voltaria à França, então dá um jeito de viajar com ela para cá e matá-la no caminho. Concorda até aí?

– Não de todo – alegou Miss Marple. – Para falar a verdade, acho que você não está sendo simples o suficiente.

– Simples! – exclamou Craddock. – Desse jeito a senhora me confunde ainda mais – reclamou.

Miss Marple respondeu em voz aflita que não pensaria em fazer uma coisa *dessas.*

– Vamos lá, me conte – pediu Craddock. – Sabe ou não sabe a identidade da mulher assassinada?

Miss Marple suspirou.

– É tão difícil – disse ela – escolher as palavras certas. Quero dizer, não sei *quem* ela era, mas ao mesmo tempo estou certa de quem ela *era*, se é que você me entende.

Craddock levantou a cabeça com surpresa.

– Entender? Não entendo bulhufas.

Olhou pela janela.

– Lucy Eyelesbarrow está chegando para lhe visitar – disse ele. – Bem, vou indo. Hoje estou com baixo *amour propre.* Não suportaria falar com uma jovem que irradia eficiência e sucesso.

Capítulo 25

– Procurei tontina no dicionário – contou Lucy.

Depois das saudações iniciais, Lucy agora vagueava sem rumo na sala, tocando o cachorrinho de porcelana aqui, a capa protetora do sofá ali, a caixa de costura perto da janela acolá.

– Sabia que você ia procurar – respondeu calmamente Miss Marple.

Lucy citou as palavras devagar.

– Lorenzo Tonti, banqueiro italiano, criou, em 1653, um modelo de renda em que as quotas dos herdeiros mortos são somadas às quotas dos sobreviventes. – Fez uma pausa. – É isso, não é? Parece se ajustar ao caso. E a senhora já pensava nisso *mesmo* antes das últimas duas mortes.

Retomou a impaciente e sem propósito perambulação ao redor da sala. Sentada, Miss Marple a observava. Uma Lucy Eyelesbarrow bem diferente da que conhecia.

– Não é de se estranhar isso tudo – comentou Lucy. – Um testamento desse tipo, em que o único sobrevivente fica com toda a herança. E ainda assim... Um bom dinheiro, não? Bom mesmo se dividido... – Sua voz se esvaiu até se calar.

– O problema é – vaticinou Miss Marple – que as pessoas são gananciosas. Certas pessoas. Em geral é assim que tudo começa. Não começa com assassinato, com o desejo de cometer assassinato, nem de pensar nessa alternativa. Começa só com a ganância, a ânsia de querer mais. – Descansou o tricô no colo e ficou olhando o vazio. – Foi assim que conheci o inspetor Craddock, sabe. Um caso no interior. Perto de Medenham Spa. Aquela história começou da mesma forma. Nada além de uma personalidade vulnerável e simpática, mas sedenta de uma grande soma de dinheiro. Sem assassinato. Só um servicinho simples e fácil que nem parecia indecente. Assim que tudo começou... Mas terminou com três assassinatos.

– Como agora – disse Lucy. – Até aqui, três assassinatos. A mulher que fazia se passar por Martine e queria pedir uma fração para o filho dela, Alfred e Harold. Agora só sobraram dois, não é?

– Quer dizer – indagou Miss Marple – Cedric e Emma?

– Emma não. Emma não é um moreno alto. Não. Quis dizer Cedric e Bryan Eastley. Nunca desconfiei de Bryan porque ele é loiro. Tem bigode loiro e olhos azuis, mas sabe... um dia desses... – Ela calou-se.

– Sim, continue – incentivou Miss Marple. – Me conte. Algo a deixou muito chateada, não foi?

– Foi quando Lady Stoddart-West ia embora. Já havia se despedido. Então de repente antes de entrar no carro virou-se para mim e perguntou: "Quem era o moreno alto parado no terraço quando eu cheguei?"

"A princípio, não consegui descobrir de quem ela estava falando. Cedric continuava acamado. Então perguntei perplexa: 'Refere-se a Bryan Eastley?'. Ela mencionou: 'Claro, bem pensei que o conhecia! O líder de esquadrilha Eastley! Refugiou-se em nosso apartamento na França na época da Resistência. Lembrei-me do jeito que ele ficava parado e da conformação de seus ombros.' E pediu: 'Seria bom falar com ele de novo'. Mas não conseguimos achá-lo."

Miss Marple nada falou. Apenas permaneceu à espera.

– E então – continuou Lucy – mais tarde prestei atenção nele... Estava de pé de costas para mim, e percebi o que já devia ter percebido antes. Que até mesmo um homem loiro parece moreno se passa gel no cabelo. O cabelo de Bryan é uma espécie de castanho médio, mas ele pode *parecer* moreno. Então a senhora percebe, pode ter sido *Bryan* que sua amiga viu no trem. Poderia...

– Sim – disse Miss Marple. – Já tinha pensado nisso.

– Pelo que vejo, a senhora pensa em tudo! – falou Lucy com amargor.

– Bem, querida, é preciso.

– Mas eu não consigo entender o que Bryan ganharia com isso. Quero dizer, o dinheiro iria para Alexander, não para ele. Facilitaria a vida deles, poderiam ter um pouco mais de luxo, mas ele não conseguiria o capital para empreender seus planos ou coisa parecida.

– Mas se algo acontecesse antes de Alexander completar 21 anos, então Bryan, na condição de pai e parente mais próximo, ficaria com o dinheiro – ressaltou Miss Marple.

Lucy a mirou aterrada.

– Ele nunca faria *isso*. Nenhum pai faria isso apenas... apenas por dinheiro.

– As pessoas fazem, querida. É triste e horrível, mas fazem – suspirou Miss Marple. E continuou: – As pessoas fazem coisas terríveis. Conheço uma senhora que envenenou três filhos só para ficar com o dinheirinho do seguro. E o que dizer daquela velhinha de aparência adorável que envenenou o filho quando ele a visitava nos dias de licença? Sem falar na sra. Stanwich. Esse caso saiu nos jornais. Você deve ter lido. O filho e a filha morreram. Ela própria alegou ter sido envenenada. *Havia* veneno na sopa de aveia, mas veio à tona que ela mesma havia colocado. E ela já estava planejando matar a última filha. E o motivo não era dinheiro. Tinha ciúmes da juventude e da vitalidade dos filhos. Tinha medo (é uma coisa horrível de se dizer, mas é verdade) de que eles se divertissem após ela morrer. Sempre controlou as finanças da casa com rédeas curtas. Claro que era um pouco esquisita, como se diz, mas nunca me convenci de que *isso* vale como desculpa. As pessoas podem demonstrar esquisitice de várias maneiras, sabe.

Tem gente que sai por aí distribuindo todos os bens ou largando cheques sem fundo para ajudar alguém. Isso mostra uma disposição de bondade por trás da esquisitice. Mas, é claro, se você é esquisito e por trás disso há uma tendência ruim... Bem, então não é preciso mais nada. Isso lhe ajuda em alguma coisa, querida Lucy?

– O que me ajuda? – perguntou Lucy, desnorteada.

– O que eu estive contando – respondeu Miss Marple. E acrescentou com suavidade: – Não deve se preocupar, sabe. Não deve se preocupar mesmo. Elspeth McGillicuddy vai chegar a qualquer momento.

– Não entendo o que isso tem a ver.

– Não, querida, talvez não. Mas *a meu ver* é importante.

– Não consigo deixar de me preocupar – abriu-se Lucy. – Sabe, me interessei pela família.

– Sei, querida, é muito difícil para você. Os dois lhe exercem uma forte atração, não é? Cada qual à sua maneira.

– O que a senhora quer dizer? – indagou Lucy. A entonação dela foi incisiva.

– Refiro-me aos dois filhos da casa – explicou Miss Marple. – Ou melhor, o filho e o genro. Curioso que os dois mais desagradáveis da família morreram e os dois mais atraentes sobraram. Percebi com meus próprios olhos que Cedric Crackenthorpe *é* muito atraente. Tem a tendência de dar a impressão que é pior do que é na realidade. Um jeitinho provocante.

– Ele me deixa ensandecida às vezes – concordou Lucy.

– Sim – falou Miss Marple. – Mas você bem que gosta, não é mesmo? Você é uma jovem com bastante presença de espírito e aprecia uma disputa. Sim, percebo onde reside a atração. E o sr. Eastley, por sua vez, faz o tipo melancólico, parecido com um menino tristonho. Claro, isso também é atraente.

– E um deles é o assassino – concluiu Lucy com amargor. – E pode ser qualquer um deles. Na verdade, não há nada que possibilite escolher entre os dois. De um lado, Cedric não se importa com a morte dos irmãos Alfred e Harold. Apenas se recosta na cama aparentando plena satisfação e projetando o que irá fazer com Rutherford Hall. Fica repetindo que vai precisar de um dinheirão para desenvolver o local do jeito que deseja. Claro, sei que ele é o tipo de pessoa que exagera sua própria crueldade e tudo o mais. Mas isso pode ser fachada também. Quero dizer, todo mundo fala que você não é tão cruel quanto parece. E você não é mesmo. Você é ainda mais cruel do que parece!

– Lucy, querida, tudo isso é lamentável.

– Do outro lado, Bryan – continuou Lucy. – É incrível, mas parece mesmo que Bryan deseja morar em Rutherford Hall. Pensa que Alexander e ele achariam divertido à beça morar lá. Acalenta muitos planos.

– Ele sempre acalenta muitos planos de um tipo ou de outro, não é?

– Sim, acho que sim. Todos os planos *dão a impressão de serem* maravilhosos... Mas tenho um sentimento inquietante de que nunca funcionariam. Quero dizer, são mirabolantes. As *ideias* parecem boas... Mas creio que não levam em conta as dificuldades práticas.

– Aéreas, por assim dizer?

– Sim, de várias maneiras. Na verdade, literalmente aéreas. Talvez um bom piloto de combate nunca coloque os pés no chão outra vez...

Acrescentou:

– E ele gosta tanto de Rutherford Hall porque lembra a grande e desconexa casa vitoriana em que passou a infância.

– Percebo – disse Miss Marple pensativa. – Sim, percebo...

Então, com um rápido olhar de soslaio para Lucy, acrescentou numa espécie de ataque verbal:

– Mas isso não é tudo, não é mesmo, querida? Há outra coisa.

– Ah, sim, há outra coisa. Algo que só me dei conta há dois dias. Bryan poderia ter estado naquele trem.

– Que saiu às 16h33 da estação de Paddington?

– Sim. Sabe, Emma pensou que devia informar os movimentos *dela* em 20 de dezembro. Então ela especificou tudo o que fez em detalhes... Reunião de comitê na manhã, compras à tarde, chá no Green Shamrock. Então, ela disse que *foi se encontrar com Bryan na estação*. O trem que ela encontrou foi o que saiu às 16h50 de Paddington, mas ele poderia ter chegado no trem anterior e fingido estar no seguinte. Ele me contou casualmente que haviam batido no carro dele e o carro estava na oficina. Por isso precisou vir de trem... Tédio horrível, ele disse. Ele odeia trens. Contou tudo isso com naturalidade... Pode ser que não tenha nada de mais... Mas, não sei por que, gostaria que ele não tivesse vindo de trem.

– Estava mesmo no trem – ponderou Miss Marple pensativa.

– Não prova nada. Que coisa horrível é a suspeita. *Não saber*. E talvez jamais a gente saiba!

– Claro que vamos saber, querida – disse Miss Marple com rapidez. – Você vai ver... Tudo isso não vai estacionar neste ponto. A única coisa que eu *realmente* sei sobre assassinos é que eles nunca deixam as coisas quietas. Se bem que já estão bem tumultuadas... De qualquer modo – finalizou Miss Marple –, depois que cometem um segundo assassinato, eles não conseguem parar. Não fique tão aborrecida assim, Lucy. A polícia está fazendo tudo que pode, cuidando da integridade física de todos... E a boa notícia é que Elspeth McGillicuddy vai chegar em breve!

Capítulo 26

I

– E então, Elspeth, entendeu bem o que eu quero que você faça?

– Entendi, sim – falou a sra. McGillicuddy. – Mas vou ser sincera com você, Jane, parece muito *estranho.*

– Não há nada de estranho – alegou Miss Marple.

– Bem, para mim é. Chegar numa casa e pedir quase na mesma hora se eu posso... ahn... subir ao toalete.

– Está fazendo muito frio – salientou Miss Marple – e, afinal de contas, você poderia ter comido alguma coisa que fez mal ao estômago e... ter de usar o toalete. Isso acontece, sabe. Lembro que uma vez a pobrezinha da Louisa Felby veio me visitar e pediu para subir ao toalete cinco vezes em meia horinha. Tudo culpa – comentou Miss Marple de passagem – de um pastelão à Cornualha estragado.

– Se pelo menos você me contasse o que está tramando, Jane – suplicou a sra. McGillicuddy.

– Pois é justamente isso o que eu não quero fazer – afirmou Miss Marple.

– Você sabe ser irritante, Jane. Primeiro me obriga a vir para Inglaterra antes da hora...

– Sinto muito por isso – disse Miss Marple. – Mas não havia outra coisa a fazer. Tem que entender: alguém pode ser morto a qualquer momento. Sei, todos estão de orelha em pé e a polícia está tomando todas as precauções possíveis, mas sempre existe a remota chance de que o assassino seja esperto demais para eles. Então perceba, Elspeth, era seu dever retornar. Afinal de contas, fomos educadas para cumprir nosso dever, não fomos?

– Claro que fomos – concordou a sra. McGillicuddy. – Na nossa época não havia moleza.

– Então tudo certo – falou Miss Marple. – E o táxi chegou – acrescentou ela, ao escutar um barulho de motor lá fora.

A sra. McGillicuddy vestiu o pesado casaco estilo sal e pimenta. Miss Marple envolveu-se numa boa quantidade de xales e cachecóis. Então as duas senhoras entraram no táxi. Destino: Rutherford Hall.

II

– Quem será? – indagou Emma, espiando pela janela o táxi estacionando. – Acho que é a tia de Lucy.

– Que tédio – falou Cedric, sentado numa espreguiçadeira folheando *Country Life* com os pés escorados na lateral da cornija da lareira. – Diga que ela não está.

– Quando sugere que eu diga que não estou, quer que eu mesma abra a porta e *diga*? Ou peça a Lucy para dizer?

– Não tinha pensado nisso – confessou Cedric. – Creio que pensei na época em que tínhamos mordomo e lacaio, se é que houve essa época. Se não me engano, tinha um lacaio antes da guerra. Ele se envolveu com a copeira e foi o maior escarcéu. Aquela não é uma daquelas feiosas que vêm aqui fazer faxina?

Antes de Emma responder, a sra. Hart, em seu dia de limpar a prataria, já havia aberto a porta. Miss Marple entrou, muito lampeira, embrulhada num redemoinho de xales e cachecóis, seguida de um vulto inflexível.

– Espero – disse Miss Marple, pegando a mão de Emma – não estar atrapalhando. Mas, sabe, volto para casa depois de amanhã e me sentiria mal se não viesse lhe ver. Quero me despedir e agradecer pela senhora tratar Lucy tão bem. Ah, mil perdões. Esqueci de apresentar minha amiga, a sra. McGillicuddy. Está passando uns dias comigo.

– Como vai – disse a sra. McGillicuddy mirando Emma com toda a atenção e logo desviando o olhar para Cedric, agora em pé. Lucy entrou na sala bem nesse instante.

– Tia Jane, não imaginava...

– Senti-me na obrigação de aparecer e me despedir da srta. Crackenthorpe – explicou Miss Marple, virando-se a Lucy. – Ela tem sido tão amável com você, Lucy.

– Lucy que tem sido tão amável conosco – disse Emma.

– Sim, é verdade – falou Cedric. – Pau para toda obra. Fazendo vigílias nos quartos, correndo para cima e para baixo, cozinhando mingau...

Miss Marple interrompeu.

– Fiquei muito chocada ao saber da doença da família. Espero que estejam bem recuperados. Não é, srta. Crackenthorpe?

– Ah, estamos ótimos, obrigada – disse Emma.

– Lucy me contou que todos andaram bastante doentes. Que perigo, não é? Intoxicação alimentar. Cogumelos.

– A causa permanece bastante misteriosa – disse Emma.

– Não vá acreditar – falou Cedric. – Aposto que a senhora escutou os boatos por aí, Miss...

– Marple – completou Miss Marple.

– Bem, como ia dizendo, aposto que as senhoras ouviram os boatos que correm por aí. Nada como arsênico para provocar um pequeno alvoroço na vizinhança.

– Cedric – intercedeu Emma –, faça o favor. Lembre-se do que o inspetor Craddock pediu...

– Tsc, tsc... todo mundo sabe – retorquiu Cedric. – Até mesmo as senhoras já ouviram, não? – indagou, virando-se para Miss Marple e a sra. McGillicuddy.

– Eu – respondeu a sra. McGillicuddy – acabei de chegar do exterior... Anteontem – acrescentou ela.

– Ah, então a senhora não está a par do escândalo aqui na província – falou Cedric. – Arsênico no curry, nada mais do que isso. A tia de Lucy sabe de tudo, aposto.

– Bem – teve de reconhecer Miss Marple –, escutei sim algo sobre isso... Mas foi só uma *insinuação*. Claro, de maneira alguma eu queria inquietá-la, srta. Crackenthorpe.

– A senhora não deve prestar atenção a Cedric – disse Emma. – O meu irmão gosta de deixar as pessoas constrangidas.

Sorriu a ele de modo afetuoso enquanto falava.

A porta abriu-se, e o sr. Crackenthorpe entrou, batendo a bengala com raiva no chão.

– Cadê o chá? – disse ele. – Por que o chá não está pronto? Você! Mocinha! – exclamou, dirigindo-se a Lucy. – Por que ainda não trouxe o chá?

– Ficou pronto agorinha, sr. Crackenthorpe. Estou trazendo. Só estou terminando de arrumar a mesa.

Lucy saiu da sala, e o sr. Crackenthorpe foi apresentado a Miss Marple e à sra. McGillicuddy.

– Gosto das refeições na hora certa – comentou o sr. Crackenthorpe. – Economia e pontualidade. Esse é o meu lema.

– Coisas muito necessárias, com certeza – concordou Miss Marple. – Ainda mais do jeito que andam os impostos e tudo o mais.

O sr. Crackenthorpe bufou com desdém.

– Impostos! Nem me fale desses gatunos. Um pobre miserável... é isso que eu sou. E a tendência é piorar, não melhorar. Espere a sua vez, menino – dirigiu-se a Cedric –, quando essa propriedade for sua os socialistas vão usurpá-la e transformá-la num centro de bem-estar social ou coisa que o valha. *E* ainda ficar com toda a sua renda para sustentar o estabelecimento!

Lucy reapareceu com a bandeja do chá, seguida por Bryan Eastley com a bandeja de sanduíches, pão com manteiga e bolo.

– O que é isto? O que é isto? – indagou o sr. Crackenthorpe fiscalizando a bandeja. – Bolo com cobertura de glacê? Ninguém me avisou que tinha festa hoje.

Um leve rubor subiu às faces de Emma.

– O dr. Quimper vem para o chá, papai. É aniversário dele hoje e...

– Aniversário? – bufou o velho. – Qual a vantagem de se fazer aniversário? Aniversário é coisa de criança. Não gosto nem de computar meus aniversários, que dirá comemorá-los.

– Muito conveniente – concordou Cedric. – Assim o senhor economiza o dinheiro das velinhas.

– Mais respeito, menino – disse o sr. Crackenthorpe.

Miss Marple trocava um aperto de mão com Bryan Eastley.

– Lucy fala bastante no senhor – contou ela. – Minha nossa, o senhor me lembra *tanto* uma pessoa que eu conhecia em St. Mary Mead. Essa é a aldeia onde moro há muito tempo, sabe. Ronnie Wells, o filho do advogado. Entrou no ramo do pai e não conseguiu se estabelecer. Foi para a África Oriental e começou um negócio de balsas de carga num lago por lá. No Lago Vitória... ou teria sido no Alberto? Não vem ao caso. Sinto dizer que não foi um sucesso... Acabou perdendo *todo* o capital. Que azar! Tem certeza de que não é parente dele? São tão parecidos.

– Não – falou Bryan. – Acho que não tenho parente com sobrenome Wells.

– Ele era noivo de uma jovem muito boazinha – disse Miss Marple. – Sensata como ela só. Ela tentou dissuadi-lo, mas ele não lhe deu ouvidos. Estava fora de rumo. As mulheres têm bastante bom senso, sabe, quando o assunto é dinheiro. Não altas finanças, é claro. Mulher nenhuma pode esperar entender *disso*, dizia meu querido pai. Mas o dinheiro miúdo do dia a dia... Esse tipo de coisa. Que vista bonita! – acrescentou ela, atravessando a sala e olhando pela janela.

Emma foi até seu lado.

– Que vasta campina! Que paisagem pitoresca! O gado pastando, o bosque ao fundo! Ninguém sequer sonharia estar no meio da cidade.

– Somos um anacronismo vivo, acho – falou Emma. – Se as janelas estivessem abertas agora, escutaríamos o barulho do tráfego ao longe.

– Ah, é claro – disse Miss Marple –, há barulho em todos os lugares, não é? Até mesmo em St. Mary Mead. Agora inclusive temos um campo de pouso lá perto, sabe? A toda hora os supersônicos dão rasantes na aldeia. Assustador. Esses dias duas vidraças da minha estufa se estilhaçaram. Os aviões romperam a barreira do som ou coisa parecida, embora eu mesma não saiba o que isso significa.

– É bem simples, na verdade – aproximou-se Bryan, cordial. – Veja bem, é assim que funciona.

Miss Marple deixou cair a bolsa e Bryan polidamente a apanhou. No mesmo instante, a sra. McGillicuddy aproximou-se de Emma e murmurou, numa voz angustiada – angústia autêntica pois aquela tarefa lhe causava profundo desgosto:

– Será que eu podia subir ao toalete um instante?

– Claro – disse Emma.

– Vou acompanhá-la – ofereceu-se Lucy.

Lucy e a sra. McGillicuddy deixaram juntas a sala.

– Dia gélido para dirigir – falou Miss Marple de modo vagamente narrativo.

– Sobre a barreira do som – retomou Bryan –, é mais ou menos assim... Ah, olhe, é Quimper.

O doutor estacionou o carro na frente da casa. Entrou esfregando as mãos e tiritando de frio.

– Vai nevar – comentou –, aposto. Olá, Emma, como tem passado? Meu Deus, o que é isso tudo?

– Preparamos um bolo de aniversário – explicou Emma. – Não lembra? O senhor me disse que hoje era seu aniversário.

– Não esperava por tudo isso – falou Quimper. – Faz tempo, sabe... puxa, faz uns dezesseis anos a última vez que lembraram de meu aniversário.

Parecia quase constrangido de emoção.

– Conhece Miss Marple? – apresentou Emma.

– Ah, sim – disse Miss Marple. – Na outra vez conheci o dr. Quimper aqui. E esses dias ele me atendeu quando tive um resfriado bem desagradável. Ele foi muito gentil.

– Já está melhor outra vez, espero? – quis saber o médico.

Miss Marple assegurou que estava ótima.

– Não tem vindo *me* ver ultimamente, Quimper – reclamou o sr. Crackenthorpe. – Se dependesse da sua atenção, eu já estaria morto!

– Mas pelo que vejo o senhor está bem vivo – falou o dr. Quimper.

– Não pretendo morrer tão cedo – disse Crackenthorpe. – Vamos ao chá. O que estamos esperando?

– Ah, por favor – disse Miss Marple –, não esperem por minha amiga. Ela ficaria muito aborrecida por retardar a refeição.

Sentaram-se à mesa e começaram a tomar o chá. Miss Marple aceitou um pedaço de pão com manteiga para começar e depois experimentou um sanduíche.

– São de... – hesitou ela.

– Peixe – revelou Bryan. – Ajudei a fazer.

O sr. Crackenthorpe soltou uma casquinada.

– Patê de peixe envenenado – avisou. – É esse o recheio. Coma por sua conta e risco.

– Por favor, pai!

– Aqui nesta casa é preciso tomar cuidado com o que se come – informou o sr. Crackenthorpe a Miss Marple. – Dois de meus filhos foram assassinados como insetos. Quem é que está fazendo isso... É só o que eu quero saber.

– Não o deixe atrapalhar seu apetite – arguiu Cedric, oferecendo a travessa outra vez para Miss Marple. – Dizem que uma pitada de arsênico faz bem (melhora a fisiologia e a aparência). É só não exagerar na dose.

– Coma um você, menino – ordenou o velho sr. Crackenthorpe.

– Quer que eu seja a cobaia oficial? – indagou Cedric. – Então lá vai.

Pegou o sanduíche e colocou inteiro na boca. Miss Marple deu um risinho suave e elegante, pegou um sanduíche, deu uma mordida e afirmou:

– Acho muito corajoso encarar tudo isso com senso de humor. Muito corajoso mesmo. A coragem me fascina.

Engasgou-se de repente e começou a sufocar.

– Espinho de peixe – ofegou ela – na garganta.

Quimper ergueu-se com rapidez. Foi na direção dela, conduziu-a de costas à janela e pediu que abrisse bem a boca. Retirou um estojo do bolso e escolheu um fórceps. Com célere habilidade profissional examinou a garganta da velhinha. Naquele momento a porta abriu-se e a sra. McGillicuddy entrou, seguida por Lucy. A sra. McGillicuddy trancou a respiração quando se deparou com a cena. O corpo de Miss Marple pendia para trás, as mãos do doutor em volta do seu pescoço, puxando a cabeça para cima.

– Mas é *ele*! – gritou a sra. McGillicuddy. – O homem do trem...

Com incrível agilidade, Miss Marple desvencilhou-se do aperto do médico e correu em direção à amiga.

– Eu *sabia* que o reconheceria, Elspeth! – exclamou. – Agora fique quieta. – E voltou-se triunfante ao dr. Quimper. – O senhor não sabia, não é, doutor, quando estrangulou a mulher no trem, que alguém *realmente havia presenciado o crime*? Minha amiga aqui. A sra. McGillicuddy. Ela *viu* o senhor. Entende? *Viu com os próprios olhos.* Estava no trem que corria paralelo ao seu.

– Que história é essa?

O dr. Quimper deu um passo ligeiro em direção à sra. McGillicuddy. Outra vez, ágil, Miss Marple postou-se entre os dois.

– Sim – falou Miss Marple. – Ela o viu e *o reconheceu*, e vai jurar isso no tribunal. Não é comum, acredito – prosseguiu Miss Marple com voz suave e plangente – alguém realmente presenciar um assassinato. Em geral é mera prova circunstancial. Mas neste caso as condições foram bastante raras. Existiu mesmo uma *testemunha ocular do crime.*

– Sua bruxa diabólica – rosnou o dr. Quimper. – Lançou-se em direção a Miss Marple, mas desta vez foi Cedric quem o segurou pelo ombro.

– Então *você é* o demônio assassino, não é? – falou Cedric ao mesmo tempo em que girava o corpo do doutor. – Nunca fui com a sua cara e sempre achei que não era flor que se cheire, mas, Deus é testemunha, nunca suspeitei de você.

Bryan Eastley acorreu em auxílio a Cedric. O inspetor Craddock e o inspetor Bacon entraram na sala pela porta mais distante.

– Dr. Quimper – enunciou Bacon –, é meu dever avisar que...

– Pro inferno com seu aviso – praguejou o dr. Quimper. – Acha que alguém vai acreditar no que uma dupla de velhotas tem a dizer? E de onde elas tiraram essa conversa fiada sobre um trem?!

Miss Marple interveio:

– Elspeth McGillicuddy registrou a ocorrência sobre o assassinato na polícia no dia seguinte ao do crime e fez uma descrição do assassino.

O dr. Quimper ergueu os ombros bruscamente.

– Sorte é para quem tem – disse o dr. Quimper.

– Mas... – abriu a boca a sra. McGillicuddy.

– Quieta, Elspeth – cochichou Miss Marple.

– Por que eu ia querer matar uma completa estranha? – indagou o dr. Quimper.

– Ela não era uma estranha – retrucou o inspetor Craddock. – *Era sua esposa.*

Capítulo 27

– Para você ver – disse Miss Marple. – Como eu suspeitava, acabou sendo elementar. O crime mais elementar. Tem tanto homem que mata a esposa.

A sra. McGillicuddy mirou Miss Marple e o inspetor Craddock.

– Ficaria agradecida – ironizou ela – se você me atualizasse um pouco nos fatos.

– Entende, ele vislumbrou a oportunidade – explicou Miss Marple – de arranjar uma esposa rica, Emma Crackenthorpe. Só que não podia se casar com ela porque já era casado. Estavam separados há anos, mas a mulher não lhe dera o divórcio. Isso se encaixava com perfeição naquilo que o inspetor Craddock me contou sobre a moça que se autodenominava Anna Stravinska. *Ela* era casada com um inglês e contou isso para as amigas, que também mencionaram que ela era católica praticante. O dr. Quimper não poderia se arriscar a fazer um casamento bígamo, então decidiu, impiedoso e calculista, que ia se livrar da mulher. A ideia de matá-la no trem e mais tarde colocar o corpo no sarcófago do celeiro foi até bem inteligente. Percebe? Ele tencionava ligar o crime à família Crackenthorpe. Antes disso, tinha escrito uma carta a Emma como se fosse a jovem Martine, com quem Edmund Crackenthorpe disse que se casaria. Emma contou ao dr. Quimper tudo sobre o irmão. Então, quando o momento chegou, ele a encorajou a ir até a polícia com a história. Ele desejava que a mulher morta fosse identificada como Martine. Creio que ele escutou algo sobre as investigações realizadas pela polícia parisiense sobre

Anna Stravinska, então providenciou um cartão-postal enviado por ela da Jamaica.

"Para ele não foi difícil marcar um encontro com a esposa em Londres, dizer que queria uma reconciliação e que desejava levá-la ao interior para 'conhecer a família'. Com relação ao que aconteceu depois, não vamos entrar em detalhes. Muito desagradáveis para relembrar. Claro que ele era um homem ganancioso. Quando lembrou da carga de impostos e do quanto sua renda seria prejudicada, começou a pensar que seria melhor ter acesso a um capital maior. Talvez já tivesse pensado nisso antes de decidir matar a mulher. De qualquer modo, começou a preparar o terreno, espalhando boatos de que alguém estava tentando envenenar o velho sr. Crackenthorpe. Então acabou administrando arsênico à família. Não muito, é claro, por que ele não queria que o velho sr. Crackenthorpe morresse."

– Mas ainda não entendo como ele conseguiu – cismou Craddock. – Ele não estava na casa quando o curry foi preparado.

– Ah, mas *ainda* não havia arsênico no curry – argumentou Miss Marple. – Ele adicionou ao curry depois, quando o levou para ser examinado. É provável que tenha colocado o arsênico antes, na jarra de coquetel. Então, é claro, não teve dificuldade, no papel de médico encarregado, para ministrar uma segunda dose a Alfred Crackenthorpe nem para enviar os comprimidos para Harold em Londres, tomando o cuidado de recomendar a Harold que parasse de tomar os comprimidos. Em tudo o que fez houve ousadia, audácia, crueldade e ganância. Realmente lamento muito, mas muito mesmo – concluiu Miss Marple, tão feroz quanto uma velhinha meiga conseguia parecer – que a pena capital tenha sido abolida. Se há alguém que merecia ir à forca, esse alguém é o dr. Quimper.

– Concordo em gênero, número e grau – disse o inspetor Craddock.

– Sabe, me ocorreu que – prosseguiu Miss Marple –, mesmo quando enxergamos alguém de costas para nós, de certa forma, é uma visão bem específica. Pensei que se Elspeth visse o dr. Quimper exatamente na mesma posição que ela vira no trem, ou seja, de costas e segurando o pescoço de alguém, tinha quase certeza de que ela o reconheceria ou daria alguma exclamação de espanto. Por isso tive de executar meu plano com a ajuda providencial de Lucy.

– Devo confessar – falou a sra. McGillicuddy – que levei um susto danado. Disse "É ele" antes de conseguir me conter. E, sabe, na verdade eu não tinha visto o rosto do homem e...

– Morri de medo que você desse com a língua nos dentes, Elspeth – comentou Miss Marple.

– Eu ia – confirmou a sra. McGillicuddy –, eu ia dizer que era claro que eu não tinha visto o *rosto* dele.

– Isso – redarguiu Miss Marple – teria sido fatal. Entenda, querida, ele pensou que você o reconheceu *de verdade*. Quero dizer, *ele* não tinha como saber que você não tinha visto o rosto dele.

– Que bom que segurei a língua, então – disse a sra. McGillicuddy.

– Eu não ia deixar você dar mais um pio – afirmou Miss Marple.

Craddock deu uma risada repentina.

– Vocês duas! – exclamou. – Que dupla incrível. E agora, Miss Marple? Que final feliz nos espera? O que acontece com a pobre Emma Crackenthorpe, por exemplo?

– Vai superar a frustração com o médico, é claro – vaticinou Miss Marple. – Diria que, se o pai dela morrer (e não creio que ele seja assim tão robusto como pensa), ela vai embarcar num cruzeiro ou talvez passear no estrangeiro como Geraldine Webb e quem sabe conhecer alguém. Alguém *melhor* que o dr. Quimper, espero.

– E quanto a Lucy Eyelesbarrow? Sinos nupciais também tocam?

– Talvez – disse Miss Marple. – Não me surpreenderia.

– Qual deles ela vai escolher? – quis saber Dermot Craddock.

– Não sabe? – indagou Miss Marple.

– Não – afirmou Craddock. – A senhora sabe?

– Ah, sim. Creio que sim – disse Miss Marple.

E lhe deu uma piscadela.

Coleção **L&PM** POCKET

1275.**O homem Moisés e a religião monoteísta** – Freud
1276.**Inibição, sintoma e medo** – Freud
1277.**Além do princípio de prazer** – Freud
1278.**O direito de dizer não!** – Walter Riso
1279.**A arte de ser flexível** – Walter Riso
1280.**Casados e descasados** – August Strindberg
1281.**Da Terra à Lua** – Júlio Verne
1282.**Minhas galerias e meus pintores** – Kahnweiler
1283.**A arte do romance** – Virginia Woolf
1284.**Teatro completo v. 1: As aves da noite** *seguido de* **O visitante** – Hilda Hilst
1285.**Teatro completo v. 2: O verdugo** *seguido de* **A morte do patriarca** – Hilda Hilst
1286.**Teatro completo v. 3: O rato no muro** *seguido de* **Auto da barca de Camiri** – Hilda Hilst
1287.**Teatro completo v. 4: A empresa** *seguido de* **O novo sistema** – Hilda Hilst
1289.**Fora de mim** – Martha Medeiros
1290.**Divã** – Martha Medeiros
1291.**Sobre a genealogia da moral: um escrito polêmico** – Nietzsche
1292.**A consciência de Zeno** – Italo Svevo
1293.**Células-tronco** – Jonathan Slack
1294.**O fim do ciúme e outros contos** – Proust
1295.**A jangada** – Júlio Verne
1296.**A ilha do dr. Moreau** – H.G. Wells
1297.**Ninho de fidalgos** – Ivan Turguêniev
1298.**Jane Eyre** – Charlotte Brontë
1299.**Sobre gatos** – Bukowski
1300.**Sobre o amor** – Bukowski
1301.**Escrever para não enlouquecer** – Bukowski
1302.**222 receitas** – J. A. Pinheiro Machado
1303.**Reinações de Narizinho** – Monteiro Lobato
1304.**O Saci** – Monteiro Lobato
1305.**Memórias da Emília** – Monteiro Lobato
1306.**O Picapau Amarelo** – Monteiro Lobato
1307.**A reforma da Natureza** – Monteiro Lobato
1308.**Fábulas** *seguido de* **Histórias diversas** – Monteiro Lobato
1309.**Aventuras de Hans Staden** – Monteiro Lobato
1310.**Peter Pan** – Monteiro Lobato
1311.**Dom Quixote das crianças** – Monteiro Lobato
1312.**O Minotauro** – Monteiro Lobato
1313.**Um quarto só seu** – Virginia Woolf
1314.**Sonetos** – Shakespeare
1315(35).**Thoreau** – Marie Berthoumieu e Laura El Makki
1316.**Teoria da arte** – Cynthia Freeland
1317.**A arte da prudência** – Baltasar Gracián
1318.**O louco** *seguido de* **Areia e espuma** – Khalil Gibran
1319.**O profeta** *seguido de* **O jardim do profeta** – Khalil Gibran
1320.**Jesus, o Filho do Homem** – Khalil Gibran
1321.**A luta** – Norman Mailer
1322.**Sobre o sofrimento do mundo e outros ensaios** – Schopenhauer
1323.**Epidemiologia** – Rodolfo Sacacci
1324.**Japão moderno** – Christopher Goto-Jones
1325.**A arte da meditação** – Matthieu Ricard
1326.**O adversário secreto** – Agatha Christie
1327.**Pollyanna** – Eleanor H. Porter
1328.**Espelhos** – Eduardo Galeano
1329.**A Vênus das peles** – Sacher-Masoch
1330.**O 18 de brumário de Luís Bonaparte** – Karl Marx
1331.**Um jogo para os vivos** – Patricia Highsmith
1332.**A tristeza pode esperar** – J.J. Camargo
1333.**Vinte poemas de amor e uma canção desesperada** – Pablo Neruda
1334.**Judaísmo** – Norman Solomon
1335.**Esquizofrenia** – Christopher Frith & Eve Johnstone
1336.**Seis personagens em busca de um autor** – Luigi Pirandello
1337.**A Fazenda dos Animais** – George Orwell
1338.**1984** – George Orwell
1339.**Ubu Rei** – Alfred Jarry
1340.**Sobre bêbados e bebidas** – Bukowski
1341.**Tempestade para os vivos e para os mortos** – Bukowski
1342.**Complicado** – Natsume Ono
1343.**Sobre o livre-arbítrio** – Schopenhauer
1344.**Uma breve história da literatura** – John Sutherland
1345.**Você fica tão sozinho às vezes que até faz sentido** – Bukowski
1346.**Um apartamento em Paris** – Guillaume Musso
1347.**Receitas fáceis e saborosas** – José Antonio Pinheiro Machado
1348.**Por que engordamos** – Gary Taubes
1349.**A fabulosa história do hospital** – Jean-Noël Fabiani
1350.**Voo noturno** *seguido de* **Terra dos homens** – Antoine de Saint-Exupéry
1351.**Doutor Sax** – Jack Kerouac
1352.**O livro do Tao e da virtude** – Lao-Tsé
1353.**Pista negra** – Antonio Manzini
1354.**A chave de vidro** – Dashiell Hammett
1355.**Martin Eden** – Jack London
1356.**Já te disse adeus, e agora, como te esqueço?** – Walter Riso
1357.**A viagem do descobrimento** – Eduardo Bueno
1358.**Náufragos, traficantes e degredados** – Eduardo Bueno
1359.**Retrato do Brasil** – Paulo Prado
1360.**Maravilhosamente imperfeito, escandalosamente feliz** – Walter Riso
1361.**É...** – Millôr Fernandes
1362.**Duas tábuas e uma paixão** – Millôr Fernandes
1363.**Selma e Sinatra** – Martha Medeiros
1364.**Tudo que eu queria te dizer** – Martha Medeiros
1365.**Várias histórias** – Machado de Assis

IMPRESSÃO:

PALLOTTI
GRÁFICA

Santa Maria - RS | Fone: (55) 3220.4500
www.graficapallotti.com.br